小松泰信

共産党入党宣言

新日本出版社

目次

カバー・扉イラスト　関上絵美

とことん
共産党を語ります

──「隠れ共産党宣言」から「入党宣言」へ

インターネット番組「とことん共産党」で2019年11月21日に放送され、「声をあげながら笑いが起こる面白さ」「出されたコーヒーを忘れるほど見入った」などの歓迎の声が続々と寄せられたものを、そのまま収録しています（私の思いを伝えやすくするための加筆と整理はおこないました）。MC・司会を務められたのは、参議院議員で日本共産党書記局長・小池晃さんと日本共産党中央委員会勤務員（学術・文化委員会事務局）の朝岡晶子さんです。

平気でウソをつく政治は許されない

朝岡　今日のゲストは、岡山大学名誉教授で、なんと言っても今回の中心的なお話にもなります、日本共産党の「新入党員」である小松泰信さんです。

小松　どうも小松です。こんばんは。よろしくお願いします。

とことん共産党を語ります
――「隠れ共産党宣言」から「入党宣言」へ――

朝岡　今日のテーマです。「『隠れ共産党宣言』から『入党宣言』へ」ということでお送りしたいと思います。

小池　すごいですよね。タイトルがもうすごいですよね（**朝岡**　そのままですよね）。これですべてを語っているというものですね。

朝岡　今日はみなさんからツイッターなどで「期待の声」が数多く寄せられています（**小池**　いま、民青の仲間からも「視聴しています」との声が寄せられています）。そうですか、嬉しいですね。

ということで、小松さんにタップリお話しいただきたいと思うわけですが、その前に、先週に引き続き、いま国会では大変大きな動きが続いています。そのことについて、小池さんからお話しいただきます。

小池　「桜を見る会」。（最新の刷り上がったばかりの11月24日号を開きながら）これは「しんぶん赤旗・日曜版」の「見開き記事」ですが、安倍事務所から出されていた案内状を赤旗編集部が入手して特集記事にしています。

今日21日に、この内容も使いながら、田村智子さん（参議院議員・党副委員長）がこの問題追及のきっかけとなった8日の参議院予算委員会での質問に続いて、内閣委員会で質問をしたのですが、とにかくボロボロとボロが出ている状況です。首相が国会でおこなった「私は取りまとめには関与していない」という答弁の誤りを事実上認めたわけですから。やはり虚偽答弁を認めたということは大きいです。

小松　本人は、本当に虚偽答弁だと思っているんですかね。

小池　いや、思っていないでしょうね。

小松　そこなんですよね。

小池　虚偽答弁はしていないとはっきり言っています。「虚偽答弁はない。取りまとめには関与していない。私は挨拶をしただけだ」と言っているわけですから。

ところが、安倍首相の招待客が千人を超える枠があり、それに〝誰を呼ぶかについて聞かれれば意見も言った〟というわけですから、これを「関与」と呼ばずしてなんというのでしょう。

しかもこの招待は〝私人〟としてだと言っていたのに、「安倍昭恵夫人枠」まであったというのですから、なぜそんなことまで〝私人〟でできるのでしょうか。

消費税増税を国民に押しつけておいて、税金のこのような私物化は許されないですよね。小松さんは、これを見ていてどう思われましたか?

小松　もう唖然としてますね。とことん悲しいというか、素朴な言葉で言えば〝ウソだらけ〟。ひどすぎますよね。もうそろそろトドメを刺さなければいけないのではないでしょうか。

小池　昨日、今日と国会で追及があって、いろんな問題がまた新たに出てきています。この問題では野党が結束して当たっていますから、質問するときも、共産党の田村智子ですとか、共産党の宮本徹ですとかいうのではなくて、「桜を見る会」追及チームの田村智子ですという感じで、結束しておこなっています（小松　野党共闘が出来ているんですね）。完全にこの問題では共闘してやっています。いまは10人ぐらいの「追及チーム」という形で進めていますが、それを今度は

「1チーム10人」ぐらいの問題別チームをいくつか組織した本部を立ち上げようと準備して徹底的に追い込んでいきます。

この問題を「小さい問題だ」という人がいますが、税金の使い方を公正・公平におこなうというのは、政治の根本問題ですから、徹底的に追及していきます。

小松　とにかく税金のこともそうなのですが、ここまで政治をやる人間がウソにウソを重ねてゆく、そしてそれがずっと許されてきたことが問題です。

ホテルニューオータニまで「大谷《おおたに》」に落とすような（と、話しながら小池さんの顔を少しうかがうようにして、「谷底に突き落とすようなことをして」と続けます）、

（**小池・朝岡**　「ああ、そういうことか」の笑い）、これが今日の一回目のシャレです。

小池　そうですよね。「モリ・カケ」の時は官僚のせいにして、今度はホテルのせいにしてしまうのですから。

朝岡　シュレッダーのことだってそうですよね。

小池　これは最初は「東京新聞」が「桜を見る会」への招待者の数が増えすぎ

ているのではないかと報道し、これを見た日本共産党の宮本徹衆議院議員が質問するために5月9日に資料請求すると、〝その日に招待者名簿はシュレッダーで破棄してしまった〟。なぜその日かと追及すると、〝シュレッダーがその日しか空いてなかったからだ〟と、シュレッダーのせいにしてしまう。

小松　僕は日頃泣くことはないんですが、このニュースを知った時、涙が出たんですよ。なぜかというと、この言い訳は政府の筋書きにしても、そのような報告を官僚がしたことにされるわけ。これをその人の親が聞いたらよ、〝そんな嘘つきにお前を育てた覚えはない。そのために勉強させたんじゃないぞ〟って感じですよね。〝自分の子どもがそんなことさせられている〟って、親御さんは思っている。そう思うと涙が出たんです。許せない。

朝岡　森友の時と同じですよね、官僚がね。

小松　だって亡くなった人もいるのに。許せない、本当に許せません。小池さん、頼みますよ。

小池　これは徹底してたたかい抜きます。頑張りましょう。

小松　頑張りましょう、はい。

小池　「桜を見る会」問題と同時に、国会でいま議論になっているのが日米貿易協定。これも、小松さんは怒り心頭ですね。

小松　ええ、重要な問題なのにまともな議論もしないで参議院に送っちゃったなーって感じで、納得できない、うん。

小池　参議院で審議が始まって本会議での質疑がおこなわれましたが、政府は必要最低限の資料すら出さない。影響調査はしていると言って、日本にとって日米貿易協定はプラスになるんだというようなことといいますが、結局、自動車部品の関税を撤廃すればそうなるという話で、しかも、それは実は口約束でしかないというんですからね。さらにこれからは全面的ないわゆる自由貿易協定、日米FTAに進んでいくという約束さえさせられている。

小松　それも簡単に。そのような資料は出さないとか、ある資料さえ都合が悪いと棄《す》ててみたりと、ウソはつくし、ちょっとなんかなー、よくない。

小池　この問題は参議院にきましたので、紙智子さん（参議院議員）たちと一緒にたたかって、ぜひストップさせたいと思います。

いい時期に入党したなと思ってます

小松　僕はね、ホントいい時期に入党したなと思ってますね。

小池　ほう、それは？

小松　ウソを平気でつく安倍政権の政治がおこなわれているとはいえ、これに立ち向かう野党共闘も進み、共産党が活躍している時にその党員になったからです。えー、本気の入党ね。

小池　本気の共闘の中での入党。

小松　はい、本気の入党。

小池　いま共闘というお話がありましたから、少し紹介しますと、昨日（11月20日）、野党の書記局長・幹事長会談がおこなわれました。いよいよ総選挙もあるかもしれないから、選挙の協力をしっかり固め、候補者の調整や協議を始めましょうと確認しました。

僕はそこで政権構想の議論もしましょうと提起しました。政権をともにするということを国民にしっかり示してどのような政権にするのかを合意しないと、そこに一票を投じようという気にはならないでしょ、と。そこが合意できれば、選挙の協力ももっともっとつっこんでできるでしょと話しました。

みなさん、それについて否定しないんです。安倍政権を倒して、政権を代えて、立憲主義を取りもどすことは、共通認識になってきています。それを受けて、では政権の問題を今後の検討課題にしましょうとまとまりました。

そして今日は、高知県知事選挙で志位和夫委員長が応援に行っていますが、そのネット中継を見ましたら、宣伝カーの上には枝野幸男立憲民主党代表、志位委員長、松本けんじ知事候補が3人並んで立ち、頑張ろうーって訴えていました。一歩ずつですが、進み始めてます。空気が変わってきているのを感じます。

小松　僕は、初めはちょっと懐疑的なところもあったんだけど、だんだん〝世の中というのはすごいな〟と、思っています。共産党の人はみんな粘り強い。僕なんか〝あかんで〟みたいなことで終わっちゃったんだけど。しぶといよね、共産党の皆さん。９７年の歴史が物語るような、〝これぐらいのことでへこたれませんよ、私たちは〟というね。僕もその党に入ったんだから、少しはしぶとくなりたいと思いますが。

小池　安倍政治を倒すためには、市民と野党が力をあわせるしかないと多くの国民は期待していますから。この間の「さくら共闘」、「高知共闘」が、野党共闘をワンステップ、ステップ、ステージを上げたという感じですよ。だから、これは必ず実らせていきたいと思います。

「隠れ共産党宣言」を出した頃

朝岡　国会についての話をいただきましたが、ここからは、いよいよ今日のテーマである、「小松さんの入党宣言へ至るまでの道のり」から、お話を進めていきたいと思います。

まず最初に、小松さんにはこの「とことん共産党」に今日までで3回登場願っていて、登場回数では一番多いのですが、その第1回目のお話を振り返る紹介をさせていただきます。

最初に出ていただいたのは、2017年の4月なんですけれども、それはなぜかと言いますと、前年の16年の12月28日、もう約3年前の年末も押し迫る時に、現在も連載中の「JAcom&農業協同組合新聞」掲載「地方の眼力」というコラムの中で、「隠れ共産党宣言」を書かれました。そのことがきっかけで登場いただいたんですね。

小池　これは私のツイッターなんですけど（カメラにその画面をアップしてもらいながら）、その12月28日の翌日、29日の画面です。

小松　（画面を見ながら）午前7時43分。

小池　え、午前7時43分だ。朝だ。すごいな。こんな時にツイートしていたんですね。それでね、この小松さんの「隠れ共産党宣言」から引用して、「断末魔にある新自由主義が、良質の市場（農業のこと――編集注）を見逃すはずが無い。この危機感を共有できる政党と、どのような新たな関係を構築するかが喫緊の課題として突きつけられていることを忘れてはならない」との文章を引いて、「必読」と私は書きました。この小松さんの文章は、すごいですよ。

小松　歴史に残りますね。ハハァ、これはね。

小池　こういう方だとは思いませんでしたよ。本当に。

小松　すみません。（スタジオから笑い）

小池　この文章を引用させていただいた時には、こんなふうにお友だちづきあいもさせてもらったうえに、まさか今日のような日が来るとは思いませんでした。その時は、きっとすごい学者の方で、なかなかお会いできる人ではないだろうと思っていました。

そのようなことがあって、小松さんのコラムが素晴らしいということで、翌年の1月4日の日本共産党の「新春・党旗びらき」です。

朝岡　志位さんが小松さんのこの「隠れ共産党宣言」を紹介されて、それで、全国に大きく知られました。

小池　これでブレイクしたんですね。
朝岡　一気にね
小松　本当にね。
小池　この時、小松さんは、こんなに紹介されているとは、つゆほどもご存じない。
小松　正月三が日、ゆっくり酒を飲んでいましたからね。僕はそんなことで話題になっているなんて思いませんよ。
朝岡　それをどなたかお知り合いから？
小松　誰だったか、僕は覚えてないです。誰かから、〝大変なことになっているよ〟と（笑い）。
小池　たいへんなことになっている。
小松　僕は〝へえ〟って、言っているだけでしたが。
小池　〝共産党の志位委員長が、あなたのこと紹介しているよ〟と。
小松　そう、〝しているよ〟って。（笑い）

「隠れ共産党宣言」以前は？

小池　と言うことは、それまでまったく共産党との接点はなかった？

小松　はい。50代後半ぐらいからは、まあ、選挙の時は〝やっぱり、共産党やな〟って言いながら入れてました。

小池　その前は？

小松　学生の時には、そのころは僕もまだ若く、学生運動の〝残り火〟みたいなものがありました。その中で、いろんな党派の方とお付き合いすることがありまして、民主青年同盟の方々ともお付き合いしてたんですけど、ちょっと〝水が合わんな〟と感じていたんです、その頃はね。

小池　だから、その50代後半になるまではお付き合いはなかったということなんですね。選挙では、どこに？

小松　あ～、はっきり言います。あの自民党と公明党には入れたことないんです。これははっきりしているんです。社会党にはちょぼちょぼ、選挙に行かない時が多かったかな。ごめんなさい。そもそも選挙について、あんまり興味がなかったんです。

小池 共産党に入れるってことは50代後半までなかった。

小松 なかった。

朝岡 そうですか。

小松 ごめんね。

小池 （笑いながら）いやいや、別に謝られることじゃないですよ。

小松 入れてれば、もっと早く伸びたかもしれない（笑い）。ほんとそんな感じ。

小池 そのときに、共産党とちょっと距離を置いていた理由は何ですか？

小松 それは学生の時に民主青年同盟の方たちと付き合ったんですけど、結果的にはなじめなかったんです。申し訳ないですけど、民主青年同盟の方々は真面目過ぎたんです、本当に。

正直言うと、彼らには党派性というか既存の政党がバックにいるという、彼らとしての強みみたいなものを感じました。〝俺らのバックにはついてんねで〟みたいなものですね。だから、それに反発して〝何がついてんねん〟みたいに思って、〝俺にはバックはいらん。一人でもやるんだ〟みたいな感じだったんですよね。

あ〜、ちゃんと日本共産党と一緒にいる人たちだよ、この人たちはと思って、〝水が合わんな〟と感じたんです。

もうちょっと言いますね。「たたかいの収束の仕方」を知っていたんですよね、彼らは。いまの香港での学生や市民のたたかいを見ていても、胸の痛む思いで僕は見てるんです。〝これが40年前だったら、俺はどの辺にいるんだろう〟みたいな思いで見ています。

朝岡 あ〜、はいはい。

小松 僕が経験した学生運動の最後の頃に、5〜6人の学生が残ったんです。それでも〝やっぱり、がんばろう〟いう決意をもってました。だけど、〝あ〜、ここから先はやってはまずい、暴力沙汰になってしまう〝という状況になって、民青の方々は暴力反対だったから、ぐっと引くんですね。

だけど、僕なんかは〝なんで引くの〜〟みたいな感覚があったことは事実ですね。それで〝自分一人で考えましょう〟となっていったんです。

転機は、共産党の〝歴史の重み〟と綱領との出会い

小池　それが、50代後半で何が転機になったんでしょう?

小松　それは、やはり日本共産党としての歴史のあり方でしょうね。いまで言えば、97年間の〝歴史の重み〟ですよ。長い歴史のなかでは色々あったでしょうけれども、じゃあ、例えばそのころ〝一人でもやるぞ〟と言っていた人たちに、〝いま、何してんの?〟〝運動とか、そういう気持ち継続してるの?〟と聞くと、〝一人の社会人として生きているだけですよ〟との返事が返ってくることが多いんですね。

やはり政党というものがあって、そこでいろんなことでもまれ、みんなで議論しあって作り上げていく、その運動の重みというのが、う～ん、わかったというか、どうも本当に恐れ入りましたって感じですね。え～、ほんとうに。

小池 それが「隠れ共産党宣言」のコラムを書かれた頃。そこには共産党の綱領のことが書かれていますが、綱領を読まれたのはいつなんですか?

小松 その頃は、〝共産党って、いま何してんの?〟というレベルです。だから、「隠れ共産党宣言」と題して書くならばと、共産党を検索したわけです。すると、綱領があって、〝ほう～〟と読み始めたわけですよ。

小池 それで?

小松 ええ、農業のことが書いてあるんですよ、ちゃんと。「国の産業政策のなかで、農業を基幹的な生産部門として位置づける」と。

小池 これって、インパクトありましたか?

小松 あります。ここまで共産党は、農業のことをきちんと位置づけてる、大切にね。

それはちょっと僕にとっては、ガーンとストレートですよ。そのまんま。もう参りましたというか、ほんと、そんな感じだったんですね。

だからいままでは、さっき話した〝昔のあれ〟で、距離を置いていたんだけど、〝ばかだな、俺は。なんも距離を置かんでもええやん。もうここまできてるんやから〟っていう感じですね。それで、2008年の農業政策なんかも読んだりしました。

朝岡　「日本共産党の農業再生プラン」（正式タイトル「食料自給率の向上を真剣にめざし、安心して農業にはげめる農政への転換を」、2008年3月発表）。

小松　そのコラムを書いた時から数えても、もう9年近く前ですけどね。それが、いまでも重要な政策として力をもってるんです。

小池　じゃ、やっぱり農業政策がきっかけになって。

小松　もちろん、そうですよ。

「赤坂から電話ですけど……」──共産党から電話が！

小池　そしたら、その「隠れ共産党宣言」が日本共産党に注目され、先ほど紹介した2017年1月4日の志位委員長の「党旗びらきあいさつ」で取り上げられた。そうしたら、隠れられなくなっちゃったと。

朝岡　電話がすぐかかってくるんですよね、「赤旗」から。それで（パネルにしたものを見せながら）この1月15日付の「インタビュー記事」が出ることになるんですね。

小松　すぐ電話かかってきちゃってね。その時は名前を言わなかったけど、記者の方から電話がかかってきてね。

朝岡　ここに出ちゃってるけど（署名入りの「インタビュー記事」を示しながら）。

小松　そうそう、伊藤（紀夫）さん。

小池　電話っていうのは？

小松　大学に。

小池　大学に？　どんな電話でした？

小松　僕はいなかったんですよ。だからね、後で事務の人が、「赤坂から電話がありましたけど」って言うんです。

「赤坂の方から？」

赤坂に、どんな連れがおったかな？　みたいな。なじみの女性、そんなこと言うたらあかんね――そういうお店と僕は関係ないんだけども、「赤坂から⁉」って感じで。

小池　「赤旗」を「赤坂」と聞き違えてた。

小松　びっくりしてね。でも、男の人の、それなりの年齢の方の声だったんで、事務の人には勘違いされることはなかったんですけど。

朝岡　それが「〝隠れ共産党〟宣言　いまなぜ」のインタビュー記事に。

小池　「赤旗」から電話かかってきてびっくりしましたよね。

小松 （声を潜めるように小さな声で）でも、どこかで待ってたところがあるのね。だから、ここまでくればなんかアプローチあるやろなあ、という感じだったんですよ。

小池 きたな、みたいな。

小松 「きたな！」まではいかんけど、「ああ、きたか」っていう感じ。それで改めて電話がかかってきて、その記者の方が最初はね、「新聞に載せたい。でもね、でもね、とにかく新聞は無理でも話だけでも聞きたいんです」って言われたんですよ。

僕も、最初は「新聞にまで出たらねぇ」みたいに答えていたんですが、もう「お会いするだけでも」っていう感じだったから、「来るならおいでくださいませ」という返事をすることになったんですね。

だから、ネクタイも取材用にちゃんとして待っていました（「インタビュー記事」に添えられた写真を指しながら）。このネクタイは、まだ赤くなってないんです、ピンクなんですよ（紺を基調にしながら、ピンクの斜めストライプの入ったネクタイ）。赤までいってないんです。

今日のネクタイは、がんがん赤にしていますが（赤色を下地に、薄い紅色の小さな水玉模様をあしらったネクタイ）、あのとき僕はまだピンクですよと、静かにアピールしているんです。ちゃんと考えてるんですよ。

小池　じゃぁ、この時に、もうピンクっていう意識はあったんですか？

小松　だって、僕は基本的にはずっとピンクだと思ってたから。妻だって、ズーッとそう思っていました。

朝岡　（ネクタイを指しながら）今日のこれの赤というのが、その赤ということですね。

小池　決意の表れ。

小松　もちろん。今日しなければ、いつするんだという意気込みです。それで話はインタビューの時に戻りますが、ピンクのネクタイできちんとお待ちして、「いいですよ。載せてください」と話して取材を受けたんです。

小池　それで1月15日にインタビューが載って「赤旗」デビューですよね。

そして、4月の「とことん共産党」に出演された。

朝岡　そのときのムービーを準備しました。2017年4月26日の「とことん共産党」で、紙智子さんもご一緒に出ているものを短く編集しましたので、見てみたいと思います。

「とことん共産党」初出演を振り返る

朝岡　紙智子さんと、もう一方は岡山大学大学院教授の小松泰信さんにいらしていただきました。

小松　小松です。こんばんは。

小池　すごいですよね。隠れ共産党なのにね。

小松　表に出ました。

小池　ぜんぜん隠れてない。

小松　じゃぁ、私、カミングアウトしますけど、「赤旗」はいまも取ってないんですよね。

紙　ほんとですか！

小松　いや、（声を少し落として）だから取ります。

朝岡　すごーい。

小池　いやいやいや。ありがとうございます。

朝岡　すばらしい。

小松　「隠れ共産党」っていうのはそういうもんなんです。だから、もう隠れてませんからとります。

朝岡　岡山のみなさん、明日から配達よろしくお願いします（笑い）。はい、ということで小池さん。

小池　今日はほんとなんというか、こんなにすばらしい方だと思ってなかったんで。

小松　思ってなかった⁉

小池　いや、ほんと感動しました。でも、こういう方が共産党を陰《かげ》ながら応援してくださっているということは、こういう人はもっとほかにもいるということですね。

小松　（我が意を得たりと、力を込めて）いるんです。いるのいるの、いるのいるの、いる。

小池　ということは、本当に、本当に、うれしいなと思います。

「赤旗読者宣言」に込めた想い

小池　いやぁ、2年半ほど前のムービーですけど、懐かしいですね。

小松　みんな若かったね（笑い）。2年10ヵ月ぐらい前ですかね。小池さん変わってないね。

朝岡　なんか、それどういうこと？

小松　朝岡さんも変わっていませんって。（笑い）

小池　16年12月に「隠れ共産党宣言」があり、翌年4月に「赤旗読者宣言」をされた。

朝岡　そうです。それでね、小松さんがあちこちで、この「赤旗」がいかに面白いかっていうのを言ってくださっているんですよね。それを教えていただければ。

小松　いや〜、あの時は「取らな、いかんなぁ」と思って、自分から言ったわけですからね。それで、ほんと読み始めたらね、あの〜ちょっと中毒になりますね。

朝岡　中毒？

小松　要するに、禁断症状が出るんですよ。どういうことかと言うと、普通の商業紙には載っていないことがちゃんと書かれているわけですよね。逆に、普通のジャーナリズムが、ジャーナリズムを棄てていると思いますが、忖度《そんたく》して載せない。そういうものでも、「赤旗」は、ちゃんと政治に関しても、経済に関しても、シャープな切り口で書いている。

だから、読まなかったら、いまどんなことが世の中で動いているんだろう？

何があったんだろう？　何が起ころうとしているのか？っていうのは、わからないわけですよ。

〝こんなことが社会で動いたり起こったりしていますよ、こんなことが国会で議論されていますよ、格差社会のなかでこんな苦しい思いをしている人がいるんですよ〟などとかを、やはり毎日、自分で知っておきたい。そうすると、読まないと禁断症状で不安になってくるんです。

出張なんかで家を空けている時なんかは、本当にどうしようかなぁ？って思うんですね。もちろん電子版もあるんだけど、まぁ～、紙媒体主義者なもんですから。

朝岡　紙が良いと。

小松　まぁそれは置いといて。もちろん、電子版はあれで良いんですよ。だけど、やはり不安になりますねぇ～、非常に。

朝岡　「赤旗」の別名を小松さんが名付けてくださった。

小松　あ～、「日本政治経済新聞」。

朝岡　って、言うんですって。（笑い）

小松　「大日本」と付けたらいけないんですけども（笑い）、「日本政治経済新聞」じゃないかなっと。

小池　一つの党の機関紙というのではなく、日本の政治や経済の本質をしっかり伝えているという意味ですね。

小松　そう、だから部数が減っているってことに、非常に僕は不安を感じているんですよ、いや、本当に。だって真実を伝える媒体がなくなるってことを意味しているんですよ。だから、キオスクなんかでも売れないものかなぁ～と思ったりもするんです。

小池　私たちもそれを守り発展させようと、本当にみんな必死の努力でいま、増やしていこうと取り組んでいます。それに応えて、〝じゃ、取りましょう〟っていう声もいっぱい来ているんですね。

小松　いや本当に。買い支えていかなければなりませんよ。だってほかの新聞はだらしないじゃないですか。本当にだらしない！　だから「がんばれ赤旗！」。

本当に、本当に、本当に！

最後に背中を押したのは

朝岡　小松さんがどれくらい、よく「赤旗」を読んでいらっしゃるのかということと、実は今日の入党宣言もかかわってくるんですよね。

小松　かかわってきました。

朝岡　それをご紹介させていただきます。私たちも驚いたんですけど、小さな記事だったんです。

19年夏の参議院選の最中に比例候補のみなさんに「とことん共産党」に出演してもらったのですが、6月5日には紙さんと小松さんに登場していただいたんです（小松さんはこれが2度目の「とことん共産党」出演でした――編集注）。それを紹介した記事が（この記事ともう一つの記事を並べてパネルにしたものを見せながら）、この今年（2019年）6月6日付の「赤旗」なんです。

この記事を読まれた青森の方の記事が隣の記事で、「『安倍1強もうダメ』 元自民党員が入党　青森」という、選挙についての地方からの記事なんですね（同年7月11日付）。

小松　40年以上自民党員だったんだからね〜。

朝岡　そうなんですよ。これと今回の「入党宣言」との関係を小松さんからご説明いただけます?

小松　いやいや、「赤旗」は隅から隅まで見ているんだけど、この記事の見出しを見て、〝ああ、安倍1強もうダメだ、元自民党員が入党したのか。青森の人か〜〟と思って、実は1回目はすーっと読み流したんですよ。

で、あんまり言いたくないんですけども、しばらくすれば新聞は溜まってきますから、古紙回収に出しますよね、「赤旗」と言えども（笑い）。その時にもういっぺん見たんですよ。そしたら、「小松、隠れ……」っていう文字が僕の網膜を刺激したんですよ。

朝岡　網膜！（笑い）

小池　記事の下のほうに書かれてる。

小松　そう、実は最初に読んだ時は上しか読んでいなかったんだけど、よく読んだら、僕が影響を与えちゃっていたって書いてある。

朝岡　6月6日の記事を読んで〝安倍1強はもうダメ。共産党に入党したい〟と決意しているんですね。

小松　「した人がいた」わけです。で、この方は、齋藤（美緒）さんという方に連絡した。

朝岡　青森県の党書記長・齋藤美緒さんに、「気付いたら俺はもう『隠れ共産党』だったが、共産党員になって参院選をたたかいたい」と言ったと。

小松　書いてあったんですよ。

小池　しかし、古紙回収に出そうと思ったものをそんなに気がつくものですかね。

小松　気づくんですよ。

小池　すごいですね。もう一回最初から見直した？

小松　うん、見た。古紙に出す時は〝これ捨てていいかな？〟って見てスクラップしておくものはないかと見直すんです。

小池　この記事が衝撃だったわけでしょ。

小松　衝撃、衝撃。（その時に切り抜いた記事を出しながら）だから今でも持ってますよ。

朝岡　わぁ！　実物ですか？

小松　実物ですよ。これは持ち続けますよ。いつかはこの人に会ってお礼を言いたいと思ってます。会えれば、もう、感動の出会いですよ、あなただったんですかぁって。

小池　感動ですね、本当に。

朝岡　それで、この記事が小松さんの最後の背中を押した――。

小池　それはどういう思いだったんですか、これを見て？

小松　これだけ人様に影響を僕が与えているんだなって、その僕がサポーターで留まっていていいんだろうかと。いや、ほんとに。

これはやはり明確に自分の旗幟《きし》を鮮明にして、たとえ1人とは言えども、僕が入党して増えたということで、党が少しでも勢力を増やしたと可視化するっていうんですすか、目に見える形にしなきゃならないなって思いましたね。

共産党員の真面目さに応える

小池 その記事で決意したということですが、それまでも「隠れ共産党」として支持するとか、「赤旗」を読むとか、その後、いろんな経験があったわけでしょ。背中を押したものは、これだけではなくって。

小松 いや、それはもう、多くの方とね、出会って。

小池 どんなことがあったんですか?

小松 とにかくね、共産党の人はみんな真面目。〝どうしてあなたたちは、こう真面目なの〟って言いたくなるくらい真面目なの。例えば共産党の方々に呼ばれて講演に出掛けますよね。

小池　講演には「ひっぱりダコ」だったんですね。

小松　いや、タコまではできませんでしたけどね。

小池　いやまあ、「ひっぱりイカ」くらいで。

小松　イカんともし難いみたいなもので（笑い）、行きました。行くと、なんていうのかなあ、ほんとに真面目に勉強したいという気持ちが溢《あふ》れていて、〝どんな話してくれるんですか？〟と迫ってくる感じで、ちょっとこちらが言うと、〝うわぁー〟と拍手する反応がある。

小池さんもそうだと思うんだけど、喋っていると、付加価値じゃないですけど、なんか自分がそれまで思ってもいない言葉がボーンと出てくることがありますよね。それでまた会話のキャッチボールがすごいんです。なんかほんとに期待していただいて、それに応えなきゃならないと感じてきました。

そして、自分の言ったことに関しては裏切ったらダメだなっていう気持ちがずーっとありましたね。

小池　いろんな出会いってどんなものですか？

とことん共産党を語ります
――「隠れ共産党宣言」から「入党宣言」へ――

小松　多くの方々との、新鮮な出会いばかりですから絞れないんですが、「農民運動全国連合会（農民連）」の方々との出会いは衝撃でした。なんとなく知ってはいたのですが、ここまで熱心かつ真面目に農村や農業そして農家のことを考えている方々がいたんだと、ショックを受けました。

「新日本婦人の会」の方々との出会いも印象的です。女性問題はもとより、平和な国づくり、暮らしづくりに向けた真摯《しんし》な姿勢にただただ頭が下がる思いです。

また、私の講演を聞かれたご高齢の方から、「老人性うつが解消した」と感謝されたり、「これまでやってきたことが間違いではなかったことを教えてもらった。ありがとう」と、目に涙をためて握手を求められてきたことなど、思い出すと涙腺が緩みます。

それから、伝説（笑い）の旭川講演（2018年2月12日、日本共産党旭川地区委員会主催「食と農のつどいin 旭川」）の終了後、私のそばに近づいてこられた女性が、「今度お目にかかる時には、党員としてお目にかかりましょう」と毅然と言われた言葉も、鮮明に覚えています。覚えていらっしゃいますか？　ぜひ再会したいです。

そして、高校の同級生からも「『赤旗』見たよ」との連絡があり、メールなどで旧交を温めることになりました。彼女は私よりも党員歴が長い長い筋金入りの方です。

「赤旗日曜版」での「共産党入党宣言」

朝岡　そして、2019年11月3日号の「赤旗日曜版」での「共産党入党宣言」ですね。

小池　これは、青森の方の記事に背中を押されて入党を決意されるのとは、かなりご自分のお気持ちのうえでも、社会的な反響でもかなり違いがあるんじゃないですか？

小松　うーん。らしいですね。

小池　いや、（笑い）「らしいですね」じゃなくて、相当違いがあると思うんですけど、これはどうして？

小松　いや、もうね、ここまできたら期待に応えようということですよ。「赤旗日曜版」の竹本恵子さんから電話があったんですけど、少々遠慮気味なんですよ。（優しい口調で）〝このような記事にお名前を出させてほしいんですけど、ま、嫌ならいいんです〟みたいなね。僕としたらね、〝どっちやねん、ハッキリしてよ〟って感じの電話でした。

小池　それね、日曜版編集部の方から〝そういうふうにお願いしたいと思うんですけど、どうでしょうか？〟って私が聞かれて、〝いや、それはやめたほうがいいんじゃないの〟と。小松さんが入党したっていうのは聞いてましたよ。でも、〝小松さんだからといって、そこまでカミングアウトさせちゃっていいの（**朝岡**　学者・研究者ですしね）、大丈夫？〟って言ったから、記者さんもためらいがちになったんだと思いますよ。

それでも、やはり出ようと――。

小松　ここまできたらさぁ、一緒じゃんって感じですよ。みんなわかっているでしょみたいな。それに、出たかった。本音はね。

朝岡　出たかった？（笑い）出た後の反響っていうのは、やっぱり相当なものでした？

小松　相当？　そうねぇ、みなさんがご心配なさってるような、あのイジメとかね（笑い）、そういうことはいまんとこないですけども。いや、逆に、待ってんのよね、うん。誰がどんなイジメ方をしてくるかなとかね。

朝岡　このカミングアウトしたことによって。

小松　うぅ〜ん、どんな人がどんなふうにして離れていくのかとね。そう思って楽しみにしてるわけです。離れたい人には離れてもらって結構ですけど。

小池　離れた人はいませんか？

小松　いまんとこいないようです。僕が気づいていないのかも。まぁ、その「日曜版」にも同じようなことを書いたり、言ったりしてるけど、〝こまっちゃんなら、そう言ってもいいなぁ〟みたいなことを思ってほしいというか。〝そもそも、そんなことどうでもいいじゃない〟っていう感じです。

だって、安倍晋三さんは自民党だし、僕は共産党なんだから、それはそれでいいんですよ。そうそう、安倍晋三首相なんか「共産党！」って野次るんだから（2019年11月8日、参院予算委員会での立憲民主党議員を指さしての野次――編集注）。

朝岡　そうですよね。

小松　なんなんだ、あれは。それも共産党でない人に言うんだから、共産党に対して二重に失礼なことですよ。

朝岡　あれを共産党じゃない人が、「#共産党は私だ」というハッシュタグ（SNS上で記号の「#〈ハッシュマーク〉」をつけて同じキーワードでの投稿を瞬時検索できるようにしているタグのこと）を発信して、みんながツイートしてくれたのは感動的でした。

小松　そうそう。

小池　離れた人はいないということですけど、歓迎の声はいっぱいある。

小松　（ニコニコして）そうなんですね。

郷里・長崎でのトークショーと石木ダム

朝岡　（小松さんの長崎でのトークショーの記事〈2019年11月15日付、西日本版〉と、長崎県川棚町《かわたなちょう》にある石木《いしき》ダムの問題で小松さんが現地を訪ねた記事〈同月13日付、西日本版〉を並べて貼ったパネルを取り出しながら）これはですね、小松さんはご出身が長崎なんですけれども、出身地ならばということで、「日曜版」の「入党宣言」を読まれた共産党の山下満昭《みつあき》長崎県委員長から〝長崎で小松さんの入党宣言トークショーをしましょう〟という話があって、私もご一緒させていただいたんですが、その時の「赤旗」記事です。反応もね。

小松　良かったね。

朝岡　素晴らしかったですね。

小池　どんなふうに良かったんですか？

小松　いやもう歓迎ムードですよ、歓迎。だからもう、僕も思い切ったことを言ったし、お年を召された共産党員の方も来られていましたが、この方々はやはりいろんな紆余曲折《うよきよくせつ》とか、職場で謂《いわ》れのないことを言われてきたことがあるわけですよ。だけども、〝その生き方は間違ってはいなかったよね〟というようなことを語り合ってね、うん。

朝岡　圧倒的にそういう感じでしたよね。年配の方たちがほんとに大笑いした後に……。

小池　生きてきて良かった、共産党員でがんばってきて良かったみたいな。

朝岡　そうそう。

小池　それで涙しちゃう。

朝岡　そう。県の赤旗記者の前川美穂さんが後でメールをくれたんですけど、「小松さんのトークは、笑いながら感動で涙するという、かつて経験したことのないものでした」とありました。

小池　なるほど。

朝岡　そういう雰囲気だったですよ。それともう一つ、小松さんが紹介されたいということなんですが、この長崎と佐世保でトークショーがあったんですが、その合間に石木ダムの反対運動をされているみなさんのところを訪ねて、お話をうかがったんです。

小松　そうそう。石木ダムのことは半世紀ほど前から問題になってるんですが、僕自身が長崎出身で、小学生か中学生の時くらいに聞いた記憶があったんですよ、１回ぐらいかな。でも、それからずーっと離れているし、この問題が表だって出てこなかった。ニュースで伝えないわけよ。

朝岡　そうですね。

小松　それがもう〝家屋や土地の強制収用までやるぞ〟というところまで来ていて、まさに暴挙。なのに、〝やるぞ〟ということについても、全国ネットなんかでも伝えない。それをさっきの話じゃないですけれども、「赤旗」がほんとに丁寧に伝えてくれる。「日曜版」（２０１９年１１月１０日号）なんかで伝えてます。

朝岡　そうですね。大きく伝えました。

小松　だから、1回は行きたいなと思ったんです。じゃぁ、長崎を終えて佐世保に行く間に是非見ませんか、現地の方とお話ししませんかとなったんです。

小池　なるほど。

小松　今日は時間がないのでご紹介いただけないんですが、ここに行った週の「地方の眼力」に「石木ダム建設はおやめなさい」というコラムを書きました（「ＪＡｃｏｍ＆農業協同組合新聞」同月１３日付）。

朝岡　今日発表されていたコラムにも、石木ダムを取り上げていますものね（同月２０日付「自治からはじめる」）。

小松　ちょっとだけ書いていますけれども……。

朝岡　毎週水曜日に必ず新しいコラムがアップされる。

小池　ネットでアップされますか。

小松　夕方ですけれどもね。原稿締切が2時で、4時か5時にはアップされます。僕の「ライフワーク」になってます。

「今だぞ」っていうタイミング

小池　今夜の「とことん」は、大反響ですね。見ている人から続々とメールが届いてて、〝とにかく可笑《おか》しくて、さっきから何度も吹き出してる〟とか、〝めちゃくちゃ面白い〟と。若者がけっこう見てますね、〝民青で見てマース〟とか。

朝岡　それはよかった。では、続いて小松さんが共産党に入党したことについて、改めて質問をしながらうかがっていきたいと思います。

小松　どうぞ、何でも聞いて。

朝岡　少し前まで小松さんは、「共産党は友だち以上、恋人未満」とか、〝「JCPサポーター」（日本共産党のホームページで募集している無料会員制度。気軽に共産党を応援しようというもの）にはいち早くなったけれども党員への道は案外遠いん（トーイン）です〟——これダジャレですけど——、と言ってらした。その小松さんが、さっきの「背中押された」記事があったにせよ、入党を決意されるというのは、なかなかの大きな一歩があったと思うんです。

そこで、党に入ることについて躊躇《ちゅうちょ》されている方からよく出される質問を紹介して、小松さんに聞いてみたいなと思います。例えば、小松さんは〝誰かイジメでもするならかかってこい〟というようなことを言われましたけれども、そういう不安というか、〝共産党に入党するとなんらかのマイナスの影響があるんじゃないか〟とかいうものが、共産党に対する偏見などが、長く持たれてきてましたから、心配されている方がいると思うんです。そのあたりは、小松さんどうですか？

小松　僕自身もね、タンカをきっていたでしょう。「魂が　今だと叫び　背中蹴る」っていうようなね。これ、短歌なんですが、喧嘩での啖呵《たんか》みたいなものなんです。

実は、僕だってずるい部分もあるんですよ。例えば、〝なんで岡山大学の現役の時に入らなかったの〝とか、〝もしその時入っていたら、こんなにして公表したの〝とかを感じるでしょう。あるんですよ、みんなタイミングってのが。

僕の場合は、幸いにも今年3月に定年になって、さらに幸いにも次の定職がなかったという幸いなことが続いたんです、僕の人生にとっては。

僕はそういう〝流れ〝ってけっこう大切にしたい。こうして、どんどん〝流れ〝が来たことで「今だぞ」って感じたんですね。

だから、いま悩んでいる方も、正直なところ、僕がいまごろ言うのはおこがましいんですけど、悩まれたらいいと思います。だけど、その〝流れ〝のタイミングで、自分の人生、自分の考え方というのをもっとはっきりさせて、平和であるとか、そうしたものを目指して、〝仲間に入って自分も行動するぞ〝って思われたら、それはぜひ入党されるべきではないかな。自分に素直に、正直に。

小池　でも、世間の目が気になるとか。

小松　なるのかな、ウーン。軽く言ったらいかんのね、そういうこと気にされている方、ずっといらっしゃるでしょうからね。

小池　そういう不安にはどうお答えになりますか？

小松　それはその人の性格によりますね。人の目が自分に向いていることを、逆に言えば〝面白がる〟――これは僕みたいな性格なんだろうけどね、そんな人がいたり、〝見られてますね〟と平然としていたり、〝見てよ〟〝どこが変なの？〟っていう感じの人もいれば、〝見られているからコソコソしたい、隠れておきたい〟とかの、いろんなパターンがありますから。

だから、僕自身は無理強いはしないけど、〝それで、あなたはハッピーですか？〟って尋ねるだけ。そういうことで悩んでいることのほうが、〝時間の無駄ですよ〟、〝それがどうした〟って感じですね。

自分を律してくれるのが組織

朝岡　それとね、〝組織に入るというのがイヤ〟、〝共産党に入ると縛《しば》られるんじゃないか〟とか、例えば、学者・研究者の方は〝自分の研究分野についても縛られるんじゃないか〟とか、その辺はどうですか？

小松　「組織に縛られる」というのは、僕自身が嫌で、「農業協同組合論」という組織を研究している人間なんだけど、実は、正直言って嫌なんですよ、組織に縛られるというのが。

だから、農業協同組合に関しても、そんな組織嫌いの僕が、〝こんなに農業協同組合という組織はいいですよ〟と、みんなにお勧めできるような組織にするためには何が必要なのかな、という問題意識で考えてきたわけです。

組織に縛られるってことは、やはり僕にとってはしんどい部分があります。だけど、例えば組織的な形で仲間がいるところで、自分自身の言動に振《ぶ》れが出たりしたら、昔ならば——学生の頃だったら——、〝日和《ひよ》ったろう、お前。デモに来なかったろう〟というようなことがあったでしょう。

いまはそんな時代じゃなくて、沈んでいる人がいれば、〝大変なんだよね。出られる時に出てくれたらいいし、やれることをやればいいじゃない〟と言ってくれる。僕もそんな雰囲気だし、日本共産党もそうだし、周りもそんなふうになっている。そのことを「ゆるい」という人もいるかもしれないけど、人間それぞれの事情をかかえて生きているわけだから、「縛り」というものは、あまり感じられないほうがいい。やはり、「縛る」ということじゃなくて、「自分を律する」、あるいは「律してくれる」という形で見てたら、そう大きな間違いはないんじゃないかなと思いますね。

小池　協同組合というのはそもそもやっぱり、一人ではできない。

小松　そうそう。

小池　一人はみんなのために、みんなは一人のためにという、みんなの力で、協同の力で、それぞれの持っている思いで自己実現をしていく。

小松　そうそう。

小池　いわば組織が自己実現のための……。

小松　手段だったりするんですよね。

小池　そういう関係でもあったりするんですよね。

真面目な人間集団

小松　そうなんですよ。（そう言いながら、自分で持ってきた日本共産党第２８回党大会の決議案を取り出して）

小池　それ大会決議案ですね。すごいんですよ、これがまた。

朝岡　読み込み方がすごい。

小池　線の引き方がすごい。（朝岡さんがオレンジのマーカー線でいっぱいになった決議案をカメラに向ける）

小池　全部もちろん読まれたんですね。

小松　そうよ、そう。ほんとにさ、僕ライブで見てたんですよ。

小池　中央委員会総会。あらまぁ。

小松　うん、だって党員だもの。

小池　あ、そうですよね。

小松　党員だもの、義務でしょ。（会場から笑い）

小池　失礼しました、失礼しました。（笑い）

小松　すると途中でね、電話がかかってきて少し見られなかったんですよ。それも、掛けてきた人が党員だったんです。

小池　あはは。

小松　〝あんた、見てへんのか〞と言いたかったんですけれども、まぁ、ご高齢の方だったんで……。

朝岡　でも、その方も後で見ようと思ったんですよね。

小松　まあまあ、パソコン苦手な方だったんですけど。〝いま、志位さんいいことしゃべっているじゃないか〞というところで掛けてきたんですよ。

小池　あはは。

朝岡　それで？

小松　決議案は、世界情勢のことから始まって、最後は新聞の配り方・集金の話になるじゃないですか。この落差というか、（**朝岡**　幅です、幅）そう、幅の広

さというか、奥深さというか、それをみんな真面目に聞きながらメモもとってい
るわけでしょ。これはすごい組織に入っちゃったなという——正直な気持ちで、
からかっているわけじゃないんですよ。

小池　ええ、わかりますよ。

小松　面白おかしく感動を伝えているだけなんですけど、こんなことは、ほか
の世界にはないでしょうね。

朝岡　ないです。

小池　ほんとに、こんな真面目な人間集団が、日本にね。

小松　ほんとにね。

小池　世界にもないと思います。ほんとに、誠実で、真面目で、真摯で。

小松　若いときにはそれが嫌だったんだな、ちょっと真面目すぎるな、という
ような感じでね。

党員になって深まる信頼感

小松　だから、ほんとにね、この決議案を党に興味がある方もない方も読まれたらいいいと思いますね。世界全体の構図と日本共産党の先進的役割というのを知ってほしい。マルクスが〝本当の社会主義というのは、資本主義のあとに来る〟と言った、あのテーゼというものを学生の頃に聞いて、僕の頭の隅にずっと残っているわけですよ。だから、ベトナムなどの取り組みなどはあるにしても、本当の社会主義を作り出す社会基盤はまだできていないんだ、〝それをやる役割は日本共産党にあるんだ〟ということがよくわかって、僕はホントにいい時に党員になったんだなと実感してる。

小池　なるほどね。

小松　なんかね、タイミングがいいというか、「とことん」じゃないけど、〝とんとん拍子〟に来ていて、幸せやなぁ～。

小池　とんとん拍子に来て党員になっているということなんだけど、党員にならなくても「赤旗」を読んでいる、あるいはこんな形で応援をしてくださる、それでもいいいんじゃないかというようなことはどうですか？

小松　（思いを込めるように少しゆっくり）違うのよ。

小池　どこが違う？

小松　心よ。あのね、党員になった後で感じているんだけど、党員になる前には党の人と話していても〝いろいろ言っても、あいつはまぁ「シンパ（支持者）」レベルだよね〟と思われていたとは思わないけど、なんかそんな空気感ね。それが党員になると、グッと、なんとも深みのあるお互いの、「だよなぁ」みたいな感じが出てくるんですよ、心が。

朝岡　党員になると？

小松　なってから。相手をしてくれる方もそうなんですよ。なにもいままでバリヤーがあったわけじゃないんだけど、グッと接近しちゃったっていう感じ。いやほんとですよ。

小池　なんですかね？　同じ生き方を選んだっていうこと？

小松　選んだっていう、なんかそこのところですね。

小池　ある意味ではいろんな困難があるかもしれないけど、その道を選んだ者同士で初めて生まれる、信頼感？

小松　信頼感ね。だから例えばね、鳥取で僕がしゃべったんだけど、その時に大平さんがフライング気味に〝今度、「赤旗」の日曜版に小松さんが出ます〟と紹介したんですよ。それでその晩、大平さんと鳥取から岡山へ帰ってくる列車のなかでお酒を飲んでしゃべったんですが。

小池　大平って、大平よしのぶさん？

小松　よしのぶ、よしのぶ。僕は「やすのぶ」やけど。すみません、こんなよけいなこと。（**朝岡**〈反応が〉早い）いや、すぐ言うんですよ。

小池　大平よしのぶ前衆議院議員。

小松　次には衆議院議員になりますから、必ずなりますから。小松がさせます。

まあ、それはいいんですけど、話していて彼もグッとくるし、僕もグッといくっていう関係ね。先に話に出た長崎の山下さん（県委員長）にしても、武田英夫さん（元岡山県議・現日本共産党国会議員団中国ブロック事務所長）とかね、そういう県の方々なんかでも、党員になったことでちょっとお互いがグッと近づくんです。だから、やっぱり違うんですよ。

党員になる前は、〝自分は党員じゃないしなぁ〟っていう、なんか責任とかも結構軽いし、背負ってないから〝いいのかなぁ〟〝ちょっと悪いなぁ〟って感じがあって、ちょっと引いてたんですよ、申し訳ないなぁという気持ちで。

「赤旗配達宣言」

小松　赤旗を毎日配ってこられる方々に対してもね、〝ごめんね〟〝ありがとうございます〟っていうのがあったんですね。

朝岡　どうしましょう？（小松さんの顔を見ながら）ここで？

小松　言ったら？　言えば？

朝岡　私が言うより、小松さんに言っていただきますけど。

小池　小松さん、あの、宣言してください。

朝岡　長崎で、ね。

小松　だから、そこで「配ろうかな」って言ったら、すぐ「配るそうですね」ってくるからひっこみつかなくなって。まあそれはそれとして、正直なところ、自分が責任をもって配れるかなとも思ってもいたんです。だって、「赤旗」が読めないと自分が「禁断症状」になるのと同じように、「赤旗」が来るということで、党とのつながりとか、その世界観とのつながりをちゃんと意識している方がおられるから、その方たちのことを考えたら、僕がきちんと責任をもって配ることができるだろうかというためらいがあったんですよ。

だけど、「日曜版」の場合、木曜日のお昼過ぎから土曜日まで？（**朝岡**　そう。）週休2日の方もいるので、土曜日中）じゃぁ、ラッキーということで、配らせていただこうかなってなったんです。

小池　「赤旗配達宣言」ですね。

小松　だから「新聞壮年」。昔、「新聞少年」っていうのがあったので、「新聞壮年」っていう……。あまり受けなかったな、俺、考えてきたんだけどな。（大きな笑い）

小池　「赤旗購読宣言」があり、「入党宣言」があり、今日は「赤旗配達宣言」。

朝岡　「日曜版配達宣言」。

小松　日曜版だけで、すみません、どうも。

小池　次はどこまでいくのか？

小松　いい。もうそれで、それで十分。

朝岡　ちょっと取りあえず、ということで。

小松　（笑いながら）取りあえず、ここまでにしといて。ほかなんも宣言することありません。「赤旗」配達は感謝のしるし。

朝岡　みんなね、配ってくれる方がいて、それを私たちが読めてるっていう感謝。

小松　だから長崎で話して以降、それを聞きつけた人が〝へえ配るんだ。すばらしい〟って言ってきたから、〝それって、こんなにみんなからほめられていいの？〟って聞き返すと、〝まあ、一応義務ではあるんですけどね〟って。〝ああ、やっぱ義務だったんだ〟ってね。

小池　義務というわけじゃないんですけど。

小松　まあいいんです。

小松流「綱領の読み方」

小池　そうですか。いやいや。それに綱領なんかの読み方にしても、やはり小松さんの。

朝岡　小松さんの読み方。

小池　こう読むべしというね。

小松　はっきり言いますけど、（先ほど朝岡さんが見せた「マーカー入り」の決議案を手にしながら）これが11月9日の土曜日に僕の家のポストに入ってたんですよ。

小池　今回の決議案と一緒に新しい綱領改定案も載った「赤旗の抜き刷り」が（綱領関係が11月6日付、決議案関係が同月7日付に掲載されたものを一緒にしたもの）。

小松　それがちょうど、長崎でのトークショーに出かける寸前に入ってたんですよ。これも運命なんですよ。〝流れ〟なんです、ほんとにね。それがポストの口からごく僅《わず》かに出てた。だから「赤旗」が、いつもより早く入ってるねって、僕のために早く持ってきてくれたんだと思ってね（笑い）、すーっと引き出して新幹線のなかで広げたんですよ。周辺の人に「赤旗」を読んでますってアピールしなきゃいけませんから。（**小池**　すごいなぁ）

それで改定案を読み始めたんだけど、たまたま綱領パンフを持ってたんですよ。だから（パンフを手に取って）、この綱領をね。

小池　はいはい、現行の綱領ね。

小松　で、照合しながら見てたんですけど、どう読んだかっていうと、みなさんにこれ言っておきますね。これ、頭から読むと眠くなります。（小池さんに顔を向けながら）ゴメンナサイね。

朝岡　綱領の最初から読むと？

小松　最初から読むと眠くなるはずです。そうなんです（笑い）。で、読み方ですけど、最後の「第5章」から読み始めるといい――「第5章社会主義・共産主義の社会をめざして」――未来社会論ですね。なんでかっていうとね、例えば連合会長の神津里季生《こうづりきお》さんが、度々〝共産党とは相いれない〟って話してます（16年2月や17年1月などの記者会見）。つまり世界観が違うって言ったわけ。しかしね、〝じゃぁ、あんたはどんな世界観を持ってるんですか〟って僕は思うわけよ。自分の世界観を言わずして、世界観が違うからなんて、「昔の青臭い組合の運動者」みたいなこと言ってるんですよ。

小池　だいたい労働組合って、別に世界観が一致してやってるわけじゃないですよね。

小松　そうだ、そうだ。だから神津さんのような人に対しては、〝私たちはこういう未来社会をめざしてます〟と言わなくちゃいけない、〝こうなんですよ〟と。

そう話せば、相手も〝そうなんだ〟ってなる。自分もそうだけど、子どもや孫や、僕の場合だったらかつての学生たちに、〝こんな社会を残すために、われわれは組織としてがんばっているんだ〟って話す。その中身がこの綱領改定案で明確に確認できるわけです。それをまず最初に読む。

〝じゃぁ、そういう世界観はどうやったら作れるの？〟っていう話になるから、次は4の「民主主義革命と民主連合政府」という話になってくるわけです。〝それは、なんでそうなるの？〟というのが次の話となりますから、〝「二一世紀の世界」がこうだから〟と。そうすると〝「いまの日本社会の特質」はどうなのか〟、そしてもともとの〝「戦前の日本社会と日本共産党」はこうだった〟というんで、歴史をぐーっと戻っていくわけですね。

すると、自分の一番身近なところに引きつけられてくる。未来社会からぐーっと照射して、元々の戦前の日本社会を見ると、その時の日本共産党はこんなに頑張ってたんだ、とわかってくる。〝そうだったのかー〟っていうことで、逆に言うと、今がわかるし、未来がわかる。

だから、絶対これは、一番最後のところから、ぜひ、読んでいただきたい。特にこの「第5章」を読んでおくだけで、もう大きな顔ができます。だって、この未来社会に行くために綱領の「第5章」までのところは、はっきり言って「前振り」ですよ。

小池・朝岡　「前振り」って、ははは（笑い）。

小松　ほんと、ほんと。ここに行くために、これが必要だっていうね。

小池　まぁ、確かに「前振り」かもしれないですね。

朝岡　まあ、まあね。「小松泰信の読み方」というね。

小松　ごめんね。この「前振り」を書くためにいっぱい頑張った人がいるんだけど、ここが一番の「肝」ですって話ですよ。

勘所のつかみ方

小松　いや、この綱領改定案や決議案など、大会に提案される文書を全部載せた「抜き刷り」！　これを読むのはしんどかったけど、勉強になりました。

朝岡　全部読むと、3時間くらいかかるから。

小松　僕はね、学生なんかにも言ってたんですけど、例えば、目次だけを書くことを勧めているんですよ、読まなくて。これ書くだけでストーリーがわかってくるし、僕みたいな新参者じゃなければ、だいたいここのところは、こういうこと言ってるよねって、わかってくるんです。だから、読むのが苦手な方は1回だけでいいんです、目次だけを書く。

小池　いや、それはね、そう。

小松　だめ？

小池　いや、いいの、いいの。僕も第一決議案を報告したんですけど、目次だけ読んでも基本的なことをわかってもらえるようにしました。

小松　でしょ？　大切なことなんです。

小池　目次だけでいいってわけじゃないんですけど（笑い）。目次を読むと、全体の大きな流れ、勘所っていうか、大事なところがわかる目次ですね。

小松　だから、そんな弁解は言わなくて、目次を読んだら、〝もっと中を読みたくなるような目次〟にしないと。

小池　あっ、そうかー。そこまでいっていなかったな。なるほどね。まだ修業が足りないな。

小松　いや、いや、そんなことない。（小池さんの肩を叩くようにしながら）まだこれから、これから。

（そう言って、笑いながらも慌てた素振りで）それはないか（笑い）。ごめんなさいね、すぐ調子にのるもんですから。すみません、どうも（笑い）。

小池　いや、それは大事なことですよね。

小松　勘所をつかむにはいろんな方法があると思いますが、とくに若い民主青年同盟の方なんか見ておられるので言いますけど、ほんとに、まず目次を書写する、書き写す。それだけで、「37~8パーセント」は意外とわかるもんですよ。構造が見えてくる。そこから自分で深掘りをしたり、改めて最初から読むとか、後ろから読むとかをやったら、ほんとに「いっぱしの党員」になります（スタジオからも笑い）。

朝岡　ふふ、そっか…、そうなんだ。

小池　（小松さんの「マーカー入りの抜き刷り大会議案」を持ちながら）これもう何回読まれてるんですか？

小松　いや、1回。

小池　1回ですか？（笑い）

小松　そんな！

小池　まあ、まあね。それはね。

朝岡　忙しいですしね。

小松　勘弁して！　忙しいし。（その自分の言葉を否定するように）いや、そんなこと言うたらダメ。暗記するくらい読まないかんのだけど。

小池　いやいやいや……（笑い）、分量もそれなりにありますからね。

大会決議案で嬉しかったところ

小池　ところで、大会議案は全体としてはどうでしたか？

小松　一番良かったのは、はっきり言いますけど、中国共産党との関係性を明確に言ったってことですね。やはり共産党に対する誤解というのは、〝北朝鮮も共産党（労働党のこと）じゃないか〟とか、〝中国はどうして香港の学生に対してあんな態度とるのか〟とかってことが、必ずくっついてくるんですよ。だから、「違います」と。〝彼らは基本的に誤っています〟ということをはっきり言われたってことじゃないですか、一番はね。

あと、ジェンダーの問題だとか、僕たちの専門の領域でいくと、原発やエネルギー政策の問題と農業を分けてくれたことが良かった。正直に言いますけど、前は一緒になっていて、〝なんか、ごちゃついてるね〟っていうのがあったんですよ。だけど、農業問題を明確に立てていただいた。私がかかわったことの功績じゃないかなっていう（笑い）、私の顔もチラついたでしょう？（笑い）

小池　チラつきましたよ、うん、ほんとに。

小松　そうでしょう？　〝党を辞められたらどうしよう〟なんて（笑い）。

小池　（笑い）いや、でも農業政策が大事だってことは、小松さんから〝農業を基幹産業にすると位置づけていることに感動した〟って言われたことは、すごくインパクトになったから。うん。

朝岡　そうでした。それに新しい綱領改定案で、農業分野のところで「国土の保全など多面的機能を重視し」っていうのがありますが、小松さんは、いつも講演でこの「農業・森林・水産業の多面的機能」という図を使って、第一次産業が果たしている役割を「多面的機能」ということで説明されてます。それがまさに、今度綱領に入ったっていうことを小松さんは喜んでいらっしゃいました。

小松　はい。この図は、綱領には入っておりませんよ。これは『食料・農業・

農業・森林・水産業の多面的機能

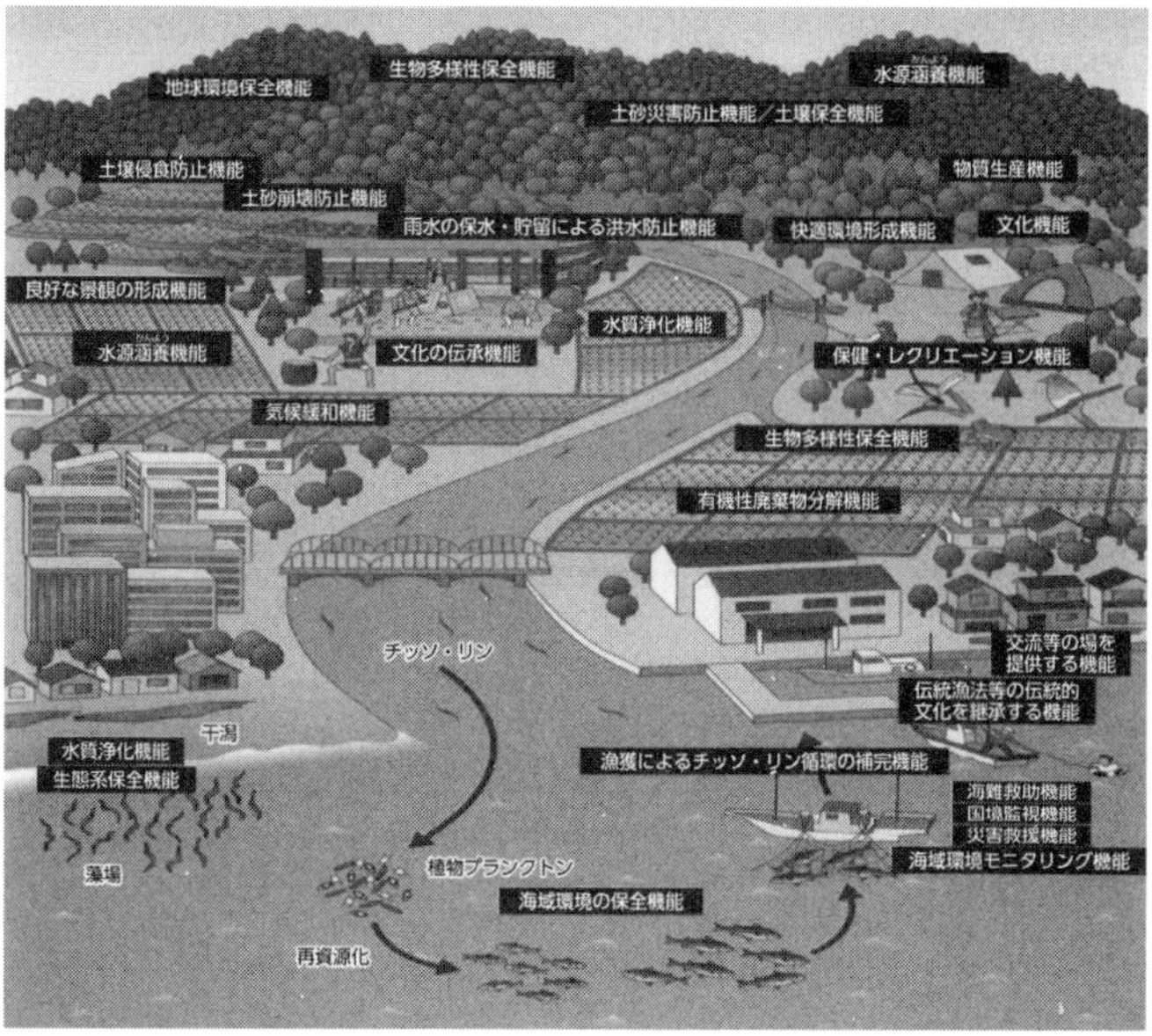

（出所）『食料・農業・農村白書』2017年版、228ページ。

農村白書』（２０１７年度）に入ってますけど、一番新しいものには入ってないんですよね。

小池　この考え方は、今回の綱領改定で、第４章「経済的民主主義の分野で」の「３」で、「食料自給率の向上、安全・安心な食料の確保、国土の保全など多面的機能を重視し、農林水産政策の根本的な転換をはかる」という表現に、まさに結実しています。

小松　そうです。嬉しかったですね。ただ、これもなかなか難しい課題ですけど、でも、やりましょう。

楽しんでやろう

小池　いや、すごいですよ、今夜の「とことん」への反響が。ユーチューブのコメントでも民青の若者が集まって見てるって出てるし、みなさん大歓迎です。先生の…、「先生」って言うと小松さんは怒るんですよね。

小松　もちろん、もう先生じゃないもん。

小池　小松さんの話にみんな感動してます。

小松　だから「有言実行」じゃないですけど、言うことによって自分に縛りかけないとっていうところがありますから、これからも言いますよ。

小池　（ユーチューブの声をモニターで見ながら）「共産党見てると、政治家って政治を楽しんでやってる人もいるんだなっていうことがわかるときがある」って声があります。〝楽しんでやってる〟って感じがするのかな。

小松　そうそう。

小池　楽しんでやってる感じがするでしょうね。今日の話聞いたらね。

小松　いや、ほんと。国会なんかでも共産党は立派ですよ。

小池　立派？

小松　共産党の方々の問題点の切り出し方とか、質問の仕方とか、真面目にちゃんとやってる。だから、入党して党員を増やし、「赤旗」を増やして継続するというのが大事やね。

父の最期の言葉――「わいの書いていることは良か」

小池　じゃあ、その小松さんのメッセージをお願いしましょうか。

朝岡　そうですね。小松さんのお父さんのことも含めて、見ている方にメッセージを。

小松　はい、わかりました。実は、僕の父が今年（２０１９年）の２月に９９歳と１０ヵ月で亡くなったんですよ。

昨年の１２月に、僕が拙著（『農ある世界と地方の眼力』大学教育出版）を謹呈したことに対する小池書記局長からのお礼状を、父のベッドのところに持っていったんです。父は首から上は亡くなるまで鮮明だったんですよ。〝小池さんからハガキもらったよ〟って言ってね。

そしたら、〝どこの小池さんや？〟って尋ねるから、〝どこのって、日本共産党の小池さんや〟と応えると、〝わい（「お前」ということ）もえろうなったね〟みたいな話になったんです。

その時に父が、〝わいは共産党員になったんか?〟と言うわけよ。なってなかったんで、〝いまのところ、まだなってない〟と言ったわけ。

そしたら、親父は〝うん、ああそうか〟って言ったんです。この時には、それだけになってしまったから、なんていうのかなぁ、はっきり言えばよかったなーっていう部分もあるんです。

その父が僕の『隠れ共産党宣言』(新日本出版社)を読んでて、枕元に置いてくれてたんですよ。それで、こう言ったんですよ。

「これは一つも共産党じゃなかばい」と。

「でも、わいの書いてることは良か」と。

〝これは共産党のことじゃなかばい〟と言いながら、そう言うとはどういうことか?

僕なりに解釈すると、父親がずーっと共産党に対する否定的なイメージを持っていたということが、一つ。

でも、僕の書いてるのは、〝良いことだ、正しい〟、〝ちゃんと書いてる〟というわけでしょ？　僕は共産党に共鳴して、共産党のいろんな考え方を盛り込みながら、この本を書いてる。と言うことは、父は、無意識か意識してかは別として、最終的には共産党の考え方を認めたんだなーっていうことになるわけです。だから、その時に、〝わいの書いてることは良か〟って言われた瞬間に、父はいろいろ言いながら認めてるじゃんって、最期にはそう思ってくれたということがありました。

みなさん方も、いろいろお悩みになられていると思いますが、やはり悩まなきゃいけないな、と思いますよ。政治にかかわっていくということですからね。だけど、ぜひ、いろんなプロセスを経ながらも、自分が自分の人生をどんな形で生きていくかっていう時に、共産党は一つの大きな重要な自分の背骨って言いますか、生きていく柱に十分なりうる政党であろうと思いますんで、ぜひ、日本共産党へお入りください。（数秒の静寂の後、拍手）

えー。静かになったから僕キョロキョロして、なんか間が持たなかったんですけど。

小池　いゃ、なんかしんみりしました。いゃ、お父様ね。そうですか。

小松　いやだから、基本的には認めていたんだなって思いますよ。だから、僕が共産党と付き合っていて、そして僕自身がその党にシンパシーを感じて本を書き、農協とか農業のことを書いているんだけど、それにものすごく納得すると、言ってくれたわけですから。まあ、わかってくれたんじゃないかなぁと思います。

小池　お父さんも喜んでいらっしゃるんじゃないですか。

小松　いやまあ、そうそう。そう思いますよ。

子どもたちに戦争のない未来を――一緒に日本を変えましょう

朝岡　ということで、最後に小池さん感想を。

小松　このしんみり感ね。

小池　いいじゃないですか。今日はおおいに笑いましたけど、最後はしんみりしちゃって、「寅さん」みたいですよね。

小松　いやいや、ほんと、僕らみんな悩めばいいんじゃないですか？　ほんとね。うん。

朝岡　そうですよ。人生の選択ですもんね。

小松　そうそう。僕は６５歳で定年になりましたけど、「健康寿命」は７２か７３歳なんですよ。そうすると一応は、あと8年じゃんって。ならば、いまのこの状況を孫子たちには渡せないって思うんです。やはり戦争するような国に道を開くような状況になってしまって、〝悪かったねぇ〟〝俺たちなんもできなかったけど、ごめんねぇ〟〝君たち、ひょっとしたら戦争しなきゃいけないかもしれないね〟っていうわけにはいかんぞ、と。

小池　そうですね。

小松　そうでなきゃ、まったく無責任ですよ。だから、自分たちが生きてきた平和な時代を、ちゃんと汚すことなく渡していきたい。日本共産党は、そういう

政党であります、ということですね。（拍手）

小池　私なにも言うことはありません。今日の話を聞いていただいて、ぜひですね、共産党にお入りいただきたい。

小松　待ってます。

小池　お願いします。一緒に（**朝岡**　がんばりましょう）日本を変えましょう。

小松　変えましょう。

これからが始まりなので、今後ともよろしくお願いします。

長崎・佐世保
とことん再現トーク

魂が今だと叫び背中蹴る

２０１９年８月２０日に日本共産党に入党した時の心境を、啖呵《たんか》を切るような気持ちで「短歌」を詠みました。

魂が　今だと叫び　背中蹴る
八月二十日　党籍を得る

これを１１月３日号の「赤旗日曜版」で公にしたのですが、その反響は大きなものでした。この「短歌」には、読んだ時がまもなく６６歳になる頃だったこともあって、これで「晩節を汚さない」人生が送れるという思いも込められています。

みんなが見てくれている――、だから〝あいつは、変なことをしてたぞ〟とか

〝そんなことをしていたんなら共産党員じゃないだろう〟とか言われないような生き方。その生き方が出来るという思いだということです。冗談でなくそんな気持ちになりました。

この「共産党入党宣言」をしてから、取材の依頼で電話をした島根県奥出雲町の課長さんから「赤旗で見ましたよ」と、ごく自然に言われました。

宮崎の日南市でも、同じように「いやぁ〜、あの小松さんだったのですね」とも言われました。

私は「共産党入党宣言」をする前も後も、まったく変わっていません。ただただ、忙しくなっただけです。

11月9日に開かれたふるさと長崎でのトークショーは、前述の「日曜版」で入党を明らかにしてから初めての公のトークの場となりました。

司会は「とことん共産党」でお馴染みの朝岡晶子さん。〝一人で話すと照れて話さないこともあるだろうし、もっと掘り下げて聞きたいこともあるでしょうから、私が質問をしましょう〟と、聞き役になってくれました。

そこで、以下では「聞かれトーク」を再現することにしますが、その翌日にも佐世保で同様のトークショーがあったので、その時の話も重複しないように使っています。いわば「長崎・佐世保　とことん再現トーク」ということになります。

いま書かないとダメになる

朝岡　では、うかがっていくことにしましょう。

小松　なんでも聞いてください。公序良俗に反しないことでしたら話しますよ（笑い）。

朝岡　まず、共産党と小松さんの関係ですが、２０１７年1月4日の「党旗びらき」で日本共産党の志位委員長が、小松さんが「ＪＡｃｏｍ＆農業協同組合新聞」に連載しているコラム「地方の眼力」で書かれた「隠れ共産党宣言」を取り上げてからですね。

小松　あれで人生が変わりました（笑い）。「隠れ共産党宣言」を書いた年から、このコラム連載は始まりました。６０歳近くなってからですか、選挙では日本共産党に投票していました。だから、「還暦過ぎたら共産党」という世界だったんです。〝遅れ共産党〟で、どうもスミマセンね（笑い）。

それでコラムの「隠れ共産党」なんですが、これは〝いま書かないと、いつ書く〟という感じで、自分のなかでそれこそ〝いま書かなきゃ〟という気持ちからでした。だから、日本共産党がどうのこうのということが先にあったわけじゃないんです。共産党が綱領で書いていた政策に共感したんです。この政策でないと、農業も農業協同組合も〝ダメになるぜ〟という気持ちです。「ウケ」を狙うとか「共産党に近づこう」とかは、ぜんぜんなかった。

もう１つ、「こぼれ話」みたいなことを言うと、このコラムを書く前にＪＡグループのリーダーたちと話す機会があり、ＴＰＰ問題などで自民党の農政をやり玉にあげていると、〝実は、投票の時は日本共産党に入れているんだ〟と言う人がけっこういたんです。だから、私は〝そうか、みんな「隠れ共産党」やんか〟

という軽いノリも手伝って、このコラムを書く「援軍的力」になりました。

それが「党旗びらき」でお話しいただいてこんなことになりました。

朝岡　志位さんのそのお話は、今でこそ党員のみなさんは「赤旗」で読んだり、動画でも見られるようになっていますが、その時は全国的に「小松泰信とは誰だ？」という衝撃が一気に広がったんですね。

小松　私がいま住んでいる岡山の人が、一番知らなかったようですよ（笑い）。

朝岡　（「そうですか」と、その言葉を受け流して）このトークショーがあるので久しぶりにその「隠れ共産党宣言」を読み返しましたが、改めて感動しました。そこを一部ご紹介します。

「政権与党とその走狗《そうく》である規制改革推進会議に痛めつけられ、真っ当な農業政策を渇望している人が〝隠れトランプ〟ならぬ〝隠れ共産党〟となっている。表に出る必要は無いが、堂々と隠れていることを願っての我がカミングアウトでもある」。

一生訪れることはないと思った党本部へ――志位インタビュー

朝岡　表に出る必要はないし、堂々と隠れてはいるが、〝私は共産党を応援したい〟と宣言してから、もう3年になるんですね。この「宣言」以降で共産党と最初に関わったのは、小松さんが志位さんにインタビューをされたことですか？

小松　そうそう。『隠れ共産党宣言』（2018年、新日本出版社）の最後に、そのインタビューを収録していますが、17年の3月ですね。

これは、「JAcom&農業協同組合新聞」が、〝政党のトップの方々をインタビューしましょう〟ということになって、〝共産党なら、あんただよね〟と、話の流れが大きくなっていったんです。で、〝え〜、志位さんとしゃべっていいんですか？〟となったんですよ。

このインタビューの時は、僕でもあがってしまって記憶がないんですけど、一生入ることないだろうと思っていた党本部に、ずかずかと入っていかせていただ

きました。（笑い）

胸に響いた党綱領

朝岡　ところで、ほんとの意味で小松さんと共産党の出会いというのは、党綱領の農業政策だったんですよね。いまこの綱領のその部分は一部改定されることになっていますが（2020年1月の第28回党大会で改定されました――編集注）、その時に小松さんはどの辺りが胸に響かれたのかお聞かせいただけますか？

小松　その綱領は最初から最後まで何回も読ませてもらいました。私の心をとらえた核になるところは、「国の産業政策のなかで、農業を基幹的な生産部門として位置づけ」た一文でした（この部分は、今回改定された綱領でも、表現を含め変更なく引き継がれています――編集注）。

そこを読んで、〝昔から、こんなことを書いているんだ〟という驚きと、それを自分が知らなかったという恥ずかしさを感じたんですね。ここが一番感心したところでしたね。

もちろん、この文章の前後なども同様の気持ちで読みましたけど、今回の改定についての第8回中央委員会総会（2019年11月4～5日）報告をユーチューブですべて見て、やはり感動というか、ここまで考えてのことかとね――世界的なことから、最後は「赤旗」の配り方や代金をどう徴収するかまでね――、こんな政党はほかにはないと思いますよ。

この日常のことは、本当に大切なことですよ。「赤旗」を配り、代金を回収して、そこで読者と出会って、喜怒哀楽を確認し合うということですからね。

朝岡　そうですね。農業のことに戻りますけれども、今回の改定で補強されているのは、次のことでした。改定前のものは、農林水産政策とエネルギー政策の転換が一体的にのべられていたのですが、それをそれぞれに分けて記述されました。農業問題を独立して位置づけるということで、もしかしてこれは、小松さんとの出会いが関係しているのかもしれませんね。

小松　絶対にそうだと思います（笑いと拍手）。私の顔を思い浮かべながら考えてくれたんだと思いますよ。

私は、最初に綱領のこの部分を読んだ時、エネルギーも大切だし、食料も農業も大切だけれども、一緒の所で混在させるということに、〝あれっ？〟との思いがあったのは事実です。だけど、そういうことは口に出さなかった（笑い）。でも、今回、〝もうちょっと、ちゃんと位置づけてよ〟という僕のなんとも言えないネガティブなオーラがね、それが伝わっていたんでしょうね。

歯車がトントンと回った

小松　なんでもそうなんですけど、僕はこういうのってタイミングだと思うんですよ。今年（２０１９年）の3月まで教壇に立っていたから、学生のことなどで関係することが多いんですが、例えば、就職のことで相手側から電話がかかってきたとします。その時に、パッと電話を取った時というのはうまくいくんです。ところが、相手が〝またいないなぁ～〟となるとうまくいかない。うまくいく時というのは、歯車がトントンと回っていくんです。

例えば、この綱領改定案を載せた「赤旗」。いつも私の家に「赤旗」が配達されるのは、朝6時30分過ぎぐらい。今日は6時20分に出掛けましたから、間に合わないはずなんです。なのに、〝まだ来てないよな〟と思ってポストを見たら、新聞がちょっとだけ、〝来てるよ〟って顔を出しているわけ。〝え〜〟って思って引き出したら「赤旗」。

で、新幹線の中で読むんですが、改定前のものを載せている綱領も大切に持っていましたから、これと読み合わせて、どこが変わったのかをマーカーもつけながら読んできたんです。

朝岡　それを新幹線の中で見てる人って、なかなかいないでしょう。

小松　いや僕はね、新幹線に乗って読む時は、わざと「赤旗」を広げて見てるんです。そうすると、周りは静かになりますよ（爆笑）。

ちょっと大袈裟に言うと、〝俺は共産党だぞ〟っていう感じですね。だけど、周りの人は、〝それが、どうした〟っていう反応ですね。

要は、一昔前だと共産党への偏見があったから、そんなことも出来にくかったけど、いまはそういう時代じゃなくなった、周りの人も共産党へのアレルギーはなくなっていて、特別視をしなくなってきたということです。だから、「赤旗」も新幹線だろうが、どこであろうが、「朝日」や「読売」を読むように、普通の、日常の風景になってきている。「壁」がなくなっているんだということです。だから、堂々と「赤旗」という良い新聞があるんですよと、僕は新幹線でアピールしてるんですね。

朝岡　それで？

「遡り法」で綱領読了

小松　〝それで？〟って、もうー。じゃぁ、ついでに言っちゃいます。たぶん皆さんのご自宅にもこの綱領改定案が載った「赤旗」があると思います。それを最初からは読まない。最後から読むんです。この「5」の「社会主義・共産主義の社会をめざして」というところから読むことをお勧めします。なぜかというと、最初から読むと必ず眠くなります（爆笑）。そのような読み方は、学生などに対しても言っているんだけどね。でも、推理小説はダメですよ。推理小説を最後から読んで〝犯人は小松だな〟と安心して最初から読んでも（笑い）、これは面白くないからダメなんです。

だけど、堅い文章を読む時は、実は、一番言いたいことは、いろいろ言ったところで最後なんですよ。

朝岡　そうですね。学校の歴史の授業が古代からくると、近現代史までこないということがありますね。だから、最近では諸外国では、近現代から勉強している国が多くなっているそうです。近現代史を学ぶことの大切さとあわせて、最初が昔のことだと最後まで興味が続かないですよね。

小松　自民党がたぶん、近現代史をやらせないいんじゃないかと思うね（話を聞いている人のなかから「その通りだと思います」との共感の声）。そうそう、絶対にそうだと思いますよ。だから、当たり障《さわ》りのない世界だけを教えるようにしている。けれども僕は、近現代の方から遡っていくのが本当の歴史の勉強だと思ってる。

朝岡　歴史の授業はそうですけれども、綱領を最後から読んでいくというのは、初めて聞きました。

小松　それがなんで良いかということを言いましょうか。それは野党共闘とからんでくるわけ。連合会長の神津里季生《こうづりきお》さんが、野党連合や統一について〝共産党とは相いれない〟からと言って反対してます。理由は、〝彼らは共産主義社会を目指しているからだ〟というんだけど、じゃぁ、〝あなたたちはどんな社会を目指しているんですか〟と、問いたいんです、誰も突っ込まないけど。

そのような声があるなかで、今回の改定される綱領のなかでは、〝日本共産党はそのようなことは野党の共通政策のなかには持ち込まない。けれども私たちはこういう社会を目指していますよ〟ということを、実は書いているわけなんです。

だから堂々と、神津さんに〝じゃぁ、あなたはいまのこの社会でいいの？　もっと孫やひ孫に良い社会で暮らしてもらいたいと思わないの？〟と聞けばいい。これには誰も否定しませんよ。

良い社会にいくまでの道についても、登山道にいろんな登り方があるように、方法論に違いはあるかも知れない。けれども、それでいいんです。共産党の言っている未来社会についても、自分勝手に引っ張っていくんじゃなくて、みんなとわかり合いながらいきましょうと、共産党のみんなはずーっと考えてきたんだから、それを堂々と言うべきだと思うんですね。それをこの綱領は言っている。

そして、そこに行くためにはどうすれば良いか、いまはどのようになっているかと、綱領を遡るように読んでいくのも良い方法じゃないかなと考えるんです。

朝岡　未来社会論を読んだ後、遡るようにしてどういう歴史を経てきたのかを読んで、最後に改めてもう一度〝私たちはこういう未来社会を目指しているんだ〟ということを読むというわけですね。

小松　そう。5、4、3、2、1という、これ「遡《さかのぼ》り法」と言うんです。「遡《そ》及《きゅう》的読書法」というのをご存じですか？　これは結構ためになりますよ。

良い時に入党した！

小松　今回の綱領改定案を読んで感じたことは、ほかにもあります。最後にある「18」のところ。「発達した資本主義の国での社会主義・共産主義への前進をめざす取り組みは、二一世紀の新しい世界史的な課題である」というのがあるでしょ。これはもともとマルクスが言ってたことですよね。〝高度に資本主義が発達した後で、社会主義・共産主義が来るんだ〟と。これを逆に言えば、〝今の資本主義社会は、共産主義のための準備をしてくれている〟という話なんですよ。

これまでも議論はされていたと思いますけれども、あまり触れていなかったように思います。それを今回は明確に言われた。これを裏返せば、例えばソ連でもそうですし、現在の北朝鮮や中国でもそうですが——北朝鮮は朝鮮労働党という名前だけど——、共産党という名前がついていても、高度な資本主義には到達していなかった国の政党です。だから限界があって、その矛盾がいま露呈していると、われわれは思うわけです。

その状況のなかで、綱領でこう言ったということは、日本共産党は、いまは支持率が3～5パーセントであるにしても、理念的には世界をリードする、先に進んでいるとの意味をもっています。

僕が40年ほど前に、ちょっとだけでしたけどマルクスを嚙《かじ》った内容が、いまここにポンと明確に打ち出された。その変わり目の時ですから、僕は良い時に入党したと思ってます。

朝岡　その未来社会論とも関わってますが、今回の綱領改定で一番大きく変わったのは、世界情勢論のところです。ここは私もじっくり読んで認識を深めたいと思ってますが、今日は綱領の学習会ではないので（笑い）、小松さんのお話を聞いていきたいと思います。

実は今日、私が長崎空港に着いてバスに乗った頃に、小松さんから〝ピコッ〟とラインが入ったんです。そこには「綱領改定いいね！」って書いてありました。おそらく新幹線で綱領を読んでいた頃だったんでしょうけど、「トークショー、よろしく」でなくて、「綱領改定いいね！」とありましたから、いまおっしゃっていたように、小松さんの入党は、巡り合わせというか、良い時に入っていただいたと、改めて嬉しく思いました。

私が出会った共産党員

朝岡　小松さんには、綱領改定とともに、党大会決議案で「赤旗」の配達のことなど、私たち共産党員が日常的に活動していることを議論していること自体に感動したと言っていただきましたが、日本共産党員についてどのように感じていらっしゃるかをうかがってみたいと思います。

「赤旗日曜版」（2019年11月3日号）では、〝共産党員は学ぶ姿勢が全然違う〟とか、あちこちでお会いした共産党の人というのは、〝接すれば接するほど真面目にひたむきに平和の社会を希求する姿であって、それに心を打たれてきた〟と評価されています。

これまでも身近に共産党の人たちはいらしたかと思いますが、「隠れ共産党宣言」をされて以後の3年弱の間に出会った共産党のみなさんについての、小松さんの感想をお聞かせいただけますか。

小松　真面目なことを言いますけれども――今までもずっと真面目なんですけれども（笑い）――、例えば駅頭でスタンディングなんかをやられているんですけど、僕は50代なかばぐらいまでは、〝あの人たちは、ほんとうに懲《こ》りることなく、いつまでもやってるなぁ〜〟と思っていました。そういう目で見ていました。（頭を下げながら）ゴメンナサイ（笑い）。

だけど、そういうことをやり続ける凄《すご》さと言いますか――信念、ブレないということ――、これに対して私のなかで徐々に「地殻変動」が起こった。そのなかで、リスペクトというか尊敬という気が出てきました。

その気持ちがさらに大きくなるきっかけになったのが、ユーチューブで見ることが出来ますが、旭川でおこなった講演です（2018年2月12日、日本共産党旭川地区委員会主催「食と農のつどい in 旭川」）。この時にお集まりになった方々の反応がものすごく良かったんです。迫ってくるもの、〝よーっし、聞いてやるぞ。何をあんたは話してくれるんだ〟という、ひたむきさ、真面目さがあって、何か問題意識をもって、〝その問題を解決するためのヒントを頂戴《ちょうだい》ね〟、あるいは、〝自分たちの運動の明日から頑張れるパワーを頂戴ね〟という気持ちがバンバンとありました。

芸能人でも講演する人でもそうなんですが、客席との間での、言葉にもならない雰囲気なども含めてのキャッチボール――〝なに話してくれるの？〟、それを受けて話し手も〝そうそう〟という感じ――がものすごくあって、たぶん僕の講演人生の中でも――良い話しかしないんですけど（笑い）――、秀逸でした。もっとあれ以上のものをやれと言われても（「できない」と言いかける雰囲気をはずすように）、きっと出来ると思うんだけど（笑い）、一応謙虚に〝むずかしいなぁ～〟と思ってます。

朝岡　私も、「とことん共産党」ではふだんカメラを通して視聴者の方に話し掛けているわけですけど、カメラやスタッフの前で話しているのと、今回のように皆さんの反応をじかに受けながらお話をするのは、ぜんぜん違いますね。

小松　もちろん、そうですよ。「とことん共産党」のようなところでは初めてしゃべらせていただきましたが、カメラの向こうにいる人をどれだけイメージできるかだったと思いますね。だから、一生懸命そういう感じにしていますけど、ただ、党員の方でにらんでいる人もたまにはいるでしょうから、（ニコニコしながら）ちょっとその辺は気になりますけどね（笑い）。

「共産党の連中は頭の良か」と、父は言った

朝岡　小松さんは何度も長崎に足を運んでいらっしゃいますが、今日はこれまでと違って、小松さんが初めて共産党に入党されてのお話ですから、皆さんも違う思いでお集まりくださっているのかと思います。

小松さんは長崎のご出身ですが、お父さまは長崎で学校の先生をしていらした

んですよね。先日小松さんからお聞きしたのですが、今年（2019年）2月にお亡くなりになったとのこと。そのお父さまと小松さんの間で、この「隠れ共産党宣言」をされてからの活動についてのやり取りもあったそうです。そのお話を、ここ長崎という繋《つな》がりでもお話しいただければと思います。

小松　はい。父も母も小学校の教員でした。ひょっとしたら、皆さんのなかにもどこかで「かすった」というようなこともあるかと思いますが、長崎の原爆病院で2月9日に99歳10ヵ月で亡くなったんです。

今日は共産党の話だけに絞りますけれども、もともと労働組合運動とかは一切しない人だったんです。だから、ハッキリ言いますけれども、食卓を家族で囲んでも、日教組などの組合活動をやっている人の悪口を言っているという家でした。だから、共産党にも投票しなかったでしょう。ただ、NHKの日曜朝の「政治討論会」を見ていて、いつも言ってたのは、〝共産党の連中はいろいろ言うけど、やっぱり頭の良かもんな、こん人たちは〟（そう言って、隣の朝岡さんとの間で「いまの表現、わかった?」「ちょっとわかった」とのやり取り。会場からも笑い）

──「頭が良い」という意味ね。

それで俺も〝ほー、頭が良すぎるから少数派なのかね〟と応えてました。頭が良いことは悪いことじゃないけど、適度に人間緩んでないとダメなんだと思いますよ。だけど、安倍晋三さんは酷すぎますものね。（体を乗り出し、語りかけるように）酷すぎます！

「わいは、共産党に入ったとか?」

小松　それはそれでいいんだけれど、私の書いたコラム「隠れ共産党宣言」を父も見ていて、〝わい（「お前」ということ）は、共産党か?〟と言ったんですね、3年前は。

そのほぼ2年後には、〝『隠れ共産党宣言』（新日本出版社、2018年10月）の本を出したよ〟と渡したら、枕元にずっと置いて読んでくれていました。

そこでなんと言ったかというと、〝この本は、ひとつも共産党ではなかぞ〟と言うんですよ（会場から大きな笑い）。（その笑いを受けながら）ここからが捻《ひね》るんですよ。〝この本は、ひとつも共産党ではなかぞ。こん本は正しか。わいの言うとることは良かばい〟とね。

ということは、父親は自分のネガティブな、作られたマイナスイメージの共産党像というのを描いているんだけど、「わいが書いたことは良い」と言ったわけだから、実は「日本共産党は良いんだ」と思っていたんじゃないか。父が思っていたのか、無意識だったかはわかりませんけど、そう白状して死んでいったわけですよ。〝これは共産党ではなかばい。まっとうな、普通のことばい〟とね。

残念というか、ちょっとだけ心残りになっているのは――亡くなる2ヵ月前、12月下旬ですね――、病院を見舞った時に、こんな遣り取りがあったからです。

小池晃さんに拙著を謹呈したら、それに対する丁重なお礼状をいただいたんですよ。それを病院にいる父の所に持っていった時のことです。

「とうちゃん、これ小池さんからばい」

「どこの小池さんか？」

意識はしっかりして、首から上はすごく元気でしたから、

「どこのて、日本共産党の」

「あん人からもろうたか、わいは」

そう言った後、ボソッと
「わいは、共産党に入ったとか？」

そう聞かれた時に、〝入ろうと思っとるとばってん〟って、喉元まで出たんですけど、〝まだ、入っとらん〟って言ってしまったんです。（大きな笑い）

その私の返事に、〝うーん〟と言ったまま、あとは無言でした。それで終わってしまった。

あの時に、〝そう思うとるよ〟となんで言わなかったのかと、今となっては心残り――。

朝岡　でも、〝まだ、入っとらん〟というのは、〝いずれは入ろう〟と思っているということだから――。

小松　〝入る気はない〟とは言ってませんからね。

朝岡　きっと、それはもう、理解してくださっていると思います。

小松　〝入る〟と言ったら、もっと生きていたかも知れませんね。（しんみりとした気持ちも滲《にじ》んだ笑い）

朝岡　お話をうかがうと、ちょっと残念な気持ちになりますが、小松さんの気持ちは伝わっていると思います。

その単行本『隠れ共産党宣言』は、お父さんがおっしゃるように、確かに共産党のことを書いているわけじゃないですね。「ＪＡｃｏｍ＆農業協同組合新聞」でのコラムほか、志位さんや共産党の雑誌でのインタビューなどが載ってますけど。それを今回、もう一度読み直してみました。

１回目に読んだ時は、「隠れ共産党」である小松さんの農業論として読ませていただきました。

今回は、小松さんが入党されたことを受けての改めての読みになるんです。そうすると、〝共産党の本だな〟と思いました。なぜかと言うと、先ほど小松さんが綱領について説明されたように、共産党が目指している農業や産業というものを、研究者である小松さんがわかり易い言葉で語っていて、共産党と繋がるものだったからです。だから、やはりこの本のタイトルが「隠れ共産党宣言」であったことは良かったんだなと思いました。

共産党を排除しようとする動きもあるが……

小松　ただ、共産党の中では売れるんですが、外ではなかなか売れないんですよね。例えば「日本農業新聞」というのがあるでしょう。そこで書評で取り上げてくれるかなと期待したんですが、取り上げてくれませんでした。そのことを版元である新日本出版社の人に聞いたら、特定の政党名があると敬遠されるのだそうです。

でも、いいんです。これからも新日本出版社からもドンドン本を出して、共産党が嫌だという人が〝これは小松が書いているのか〟ということで、〝読んでやろうか〟となればと思ってます。

朝岡　こんなことも聞きました。小松さんがあちこちへ講演に行かれると、そこで司会者から小松さんの書いた本を紹介されるんですが、『隠れ共産党宣言』だけが抜かされると。

小松　そんな時は、私は〝先ほど司会の方がお忘れになられたようですが、『隠れ共産党宣言』という名著を書いた小松です〟と自己紹介するわけです（笑い）。

朝岡　共産党を除こうとするそうした動きには、つい先日、すぐにカッとなる安倍晋三首相が、参議院の予算委員会で立憲民主党の議員に対して「共産党！」って野次ることがありました（2019年11月8日）。

小松　その場面を私はユーチューブで見ましたが、安倍さんは、そこで3つの問題をしでかしているんですね。

1つは、まず国会で議員さんを野次るということ自体です。野次られた議員さんの後《うしろ》には、その人に投票した国民がいるんです。だから、その議員さんだけを罵《ば》倒《とう》するだけでなく、国会に送り出した支持者＝国民を愚弄《ぐろう》しているという大問題。

2つめは、立憲民主党の人に対して〝共産党か〟ということは、立憲民主党の人に失礼。

そして、一番の失礼になるのは3番目の、そこではなんの関係もない共産党（笑い）を出汁《だし》に使って、〝共産党！〟って言うわけだから、常軌を逸しているのよね。〝だから、なんなんだ〟と、安倍さんに言い返したくなりますがね。

安倍さんというのは、事ほどさように、どうにかならないかなぁと思うんですが、僕は選挙で倒すしかないと思います（「そうだ」の声）。

共産党の「岩盤倫理」を発揮する時がきた

小松　この前、友だちとしゃべったんですが、その人は、〝日本は先進国なのか後進国なのかわからなくなった〟と言うんです。つまり、経済的には先進国かもしれないけど、実は、安倍晋三さんという人が出現したお陰で、〝日本人の心とか精神というものはけっして先進国ではないというか、未開のまんまだということが曝《さら》け出されたんじゃないか〟というわけ。

この「後進国」という表現は誤解を受けやすいかもしれませんけど、そこで言おうとしているものは、私たちも含めてですが、みんなが上からベールをかぶせられて正体をあらわさずにきたもの（＝日本人の性根）を、彼がひっぱがす結果ともなったのではないかというわけです。

そして安倍さんは、「謙虚」「丁寧」「真摯《しんし》」という言葉をしょっちゅう使うけれども、平気でというか強引に嘘をつく。それを恥じることなく、〝日本人というのはこの程度のレベルだ〟と高《たか》を括《くく》り、支配しきれると思っている。

このことを逆に言うと、私が日曜版の「入党宣言」で言っていることなんですが——誰もほめてくれないんですけど（笑い）——、いまが、共産党のぶれない底力を発揮する時になっているということです。

日曜版のこの記事の最後の所で、私はこう言った。

「共産党は野党共闘のなかで、これ以上は揺るがないという『岩盤倫理』を有する貴重な政党です」と。

ぶれないということ、岩盤のような倫理性を、結党以来１００年近く堅持してたたかいながら鍛えられてきているんです。これを浮き彫りにして、党員の方々の生き様が日本をまっとうにしていく、つまり、倫理性を育てていくことになるんじゃないかと思います。

朝岡　小松さんの住んでいる岡山では、昨年（２０１８年）真備《まび》町などを中心に大きな水害がありましたし、今年も千葉や長野、宮城などでもたいへんな思いをしている方がいるわけです。ところが、そこへの国の支援額はけっして多くなく、それに比べると、アメリカに支払う戦闘機などには気前がいい。これは日本人全員が怒っていいと思います。

そのことは、日本共産党が長年言ってきたことですけれども、近年ではほかの野党も言われているように、私たち自身も諦《あきら》めないで言っていきたいですね。

創立記念講演会で聞いた地鳴りのようなもの

朝岡　ところで、この夏、小松さんが東京で開かれた「日本共産党創立９７周年記念講演会」（2019年8月8日）に来てくださって、その時の感想が翌日の「赤旗」に出ていました。講演会は、いかがでしたか？

小松　聴衆の皆さんの盛り上がりが凄かった。「おちゃらけている人の盛り上がり」というのは軽いものなんだけれど、共産党の人のように普段真面目な人たちが〝ウォー〟と盛り上がる時というのは、腹の底からの地鳴りのようなもので、あれには驚きましたね。あぁ～、やはり真面目な人たちが叫ぶ時というのは（笑い）、こういう感じなんやなと思ったんですよ。

朝岡　なるほど。この講演会は選挙のあった年には、最初に当選した人がズラッと並んで一言ずつ挨拶するんですけど、これは本当に嬉しい時間で、みんなの喜びを共有し合っています。そのあとに志位さんの話があるのですが、なかなか独特の雰囲気がありますよね。

小松　本当に、行って良かったと思ってます。

野党統一候補を早く決めることの大切さ

朝岡　日本共産党はあと3年で党創立100年を迎えるわけですが、そのようななかでいま、共産党は野党連合政権構想を打ち出しています。そこでの日本共産党の役割について、小松さんはどのように思われていますか？

小松　野党共闘に水を掛けるようなつもりは毛頭ありません。だから誤解のないようにお願いしたいのですが、長崎でも国民民主党の女性の方が成長されていたり、高知県知事選（2019年11月7日告示・同月24日投票）では共産党員の「マツケン」（松本けんじ）さんが無所属で立候補して、他の野党の多くの方々がしっかり応援してくれるという動きが出てきているのは、たいへん嬉しいし評価しています。

ただ、野党共闘に対して心配していることがあるんです。選挙では、共闘のなかでも基本的には共産党に一番伸びてほしい――これが私の願いです。けれども、結論から言うと、その選挙での具体的な有権者の「思いの行きどころ」についてなんです。

どこでもそうなのですが、共産党は共闘を目指しながらも、党の予定候補者を早くから立てて準備をしてますね。予定候補者の方は、決まれば選挙区を回ります。そこで、例えば、有権者から〝山田さんなら、共産党のことは知らんけど応援します〟と、言われるとするじゃないですか。それが投票日の2、3ヵ月前に、コロッと変わって〝この人が出ます。○○党の人で、共産党ではないんですけどよろしくね〟と言った時に、いわゆる「浮動票」の方々は、どこにでも行けるわけですから、〝なんだ山田さん。あなただから私は今回は入れようと思ったのに、それが選挙の2、3ヵ月前に代えられたら、ちょっと裏切られた気がするよね〟と。それが人情なんですよ。僕はそう思う。

だから、野党共闘を進めるなら、早く候補者を決めてほしい。何党でも良いのですけれども、そのことにつきます。

朝岡　そうですね。ただ今度は総選挙です。国会が解散されれば急に選挙になってしまいます。だから、早く話し合いを始めて、小松さんが言われたように、たとえ共産党じゃなくても、野党統一候補として私たちみんなで応援したいですね。そのような気運をつくっていきたいですよね。

「健康年齢」を元気に共産党で

朝岡　最後に、小松さんがおっしゃっていたことでお聞きします。小松さんは今年（2019年）3月に岡山大学を定年退職されました。最近、「健康年齢」ということがよく言われるようになりましたが、男性の場合は72～73歳までなのだそうです。いま寿命が長くなりましたからその年齢も変わってくるかもしれませんが、体が元気で動いていける年齢という意味ですね。

小松さんは72～73と言えば、〝あと7～8年かな〟と思われて、〝自分はどう生きようか〟と考えたそうですね。そして、そこに共産党があったと。

小松　私がずるいのかもしれませんけど、2018年の今頃がどうだったかと言うと、〝どこかから再就職の声が掛かるはずだ〟と思っていました。この迸《ほとばし》る才能を放っておかないだろうと思っていたんです（笑い）。だから、誰にも〝来年4月から雇ってください〟とは言わなかった。〝必ず、来る〟と思ってました。本気で。

ところが、〝まったく、来なかった〟。それで気持ちを切り替えて、〝これは65歳以降の僕に対する何かの――「神の」とか言う気はないですが――流れ〟があるんだなと思って、無駄な努力はしないでおこうと決めました。

長野（一般社団法人長野県農協地域開発機構研究所長）の場合も、〝ないんだったら、非常勤で「名ばかり研究所長」になりませんか〟という話だったから、〝それはもう、ありがとう〟と肩書きをいただきました。でも、それぐらいで、無職に近いわけです。

ですから、いままでやれなかったこと、例えばボランティアとか、自分の子どもや孫、学生たちに少しでも良い社会を残すことに人生を使いたい。私自身65歳まで鉄砲を持ったこともなければ、向けられることもなかったんです。そんな平和な時代を生きてきた人間が、〝おい、お前らの時はわかんないぞ。戦争するかもしれんけど、バイバイ〟というわけにはいかんだろうと思ったんです。だから、皆さんが頑張ってこられた〝戦争法反対〟〝自衛隊海外派兵には反対するぞ〟〝基地をなくそう〟等々の、平和の取り組みに少なからず関わりたいと考えたんですね。

そういうことで「健康年齢73」と聞いた時に、8年しかないんです。8年間。じゃぁ、〝この8年間をそっちに行きなさい〟という、なんかの「指示」なんだなぁと思った。

だから、日本共産党員になった今、ものすごく定年後はハッピーですよ。幸せ、幸せ。

朝岡　私はこの間3年ぐらい、小松さんと時々にいろんな所でお会いしたりしてきましたが、確かにだんだんパワーアップされているなと感じます。

大学の研究室にもうかがったことがありますが、本がたくさんあって、退職される準備もされていたのかもしれませんけど、廊下には学生に〝自由に持って行っていいよ〟という本が置かれていて、〝いい先生なんだなぁ〟と思いました。けれども、〝大学はもういい。今後は共産党員として生きて行こう〟ということなんですね。

小松　そうそう。

朝岡　ほかには〝なにもしていない〟とおっしゃいましたが、「ＪＡｃｏｍ＆農業協同組合新聞」のコラムは毎週続けて書いていらっしゃいますし、農業問題では農協関係とか、あちこちに引っ張りだこで出掛けられています。非常にお忙しいんです、ほんとはね。

だけど、そのなかで「健康年齢あと8年」のなかに、共産党員としての生き方を選ばれました。そのことを「日曜版」で発表されましたけど、今日、「表《おもて》」と言いますか、「生」で直接話をされるということでは、初めての「宣言」となりました。ありがとうございました。

小松　ありがとうございました。

「岩盤倫理」がたのもしい

――日本共産党第28回大会 見聞録

２０２０年1月１４日から１８日まで静岡県熱海市にある日本共産党の伊豆学習会館で開かれた日本共産党第２８回大会を取材しました。内外情勢が激動する特別な歴史的時期に開かれた大会では、綱領一部改定などをめぐる報告と発言があり、最終日にそれらが採択されました。

大会は5日間行われましたが、私は１４日から3日間を取材しました。

なぜ私は大会に行けたのか

インターネット中継で第8回中央委員会総会（２０１９年１１月4、5日）をリアルタイムで視聴し、党綱領一部改定案と大会決議案の説明に聞き入りました。中国共産党への容赦ない批判と日本共産党の立ち位置の鮮明化や、ジェンダー平等への言及などから、２０２０年1月１４日から開かれる第２８回党大会が、日本共産党にとってだけではなく、この国の将来に極めて重大な意義を持つ歴史的大会となる予感がしました。

〝参加できるものなら参加したい〟と、正直思いました。

そして11月21日の「とことん共産党」に出演。「『隠れ共産党宣言』から『入党宣言』へ」をテーマに、小池晃さんや朝岡晶子さんと楽しく話す機会を得て、綱領の読み方にまでズカズカと入り込む張り切りよう。大会への参加欲求はますます高まるわけです。でも、入党して半年にも満たない人間に〝参加が許されるわけがない、ムリムリ〟と自分に言い聞かせていました。

ところが、1月4日の「2020年党旗びらき」でまたまた志位委員長が私のことを紹介されるわけです。その内容の質も量も、予想を遥かに超えるものでした。ここまで紹介されるのなら、絶対参加のオファーは来るはず、とだれでもが思いますよね。

実は、「とことん」に出た時から、1月14日から3日間は予定を入れていませんでした。まさか5日間もあるなんて。長くても3日でしょう……、本当に真面目。

ところが、待てど暮らせど連絡は無い。こんな時に限って、知人から「行くんだよね伊豆」といった電話やメール。う~む、現場はこういう情況ですが！

そこで思い出したのが、新日本出版社から出す予定のこの本。この本を仕上げるに当たって、歴史的党大会の空気を吸って書くか、吸わずして書くかで筆致が違ってきます。当然売れ行きも違うはず。ということで、田所稔社長に相談したところ、氏の尽力のたまもので事態は急速に動き始めるわけです。

慎重審議の結果、社長曰《いわ》く、「取材なら認める。しかし小松さんの面倒はすべて我が社でみること。なぜなら、これまでも、大会参加希望者がいたけれども、会場のキャパシティやセキュリティなどによりお断りしてきた。代議員や評議員でもない方を特別扱いにはできない」とのことで、取材を許されることになりました。

ただ、さすが社長。空気を吸うだけでは許しません。見聞録をしっかり書くことが条件として提示されることに。ハイハイ。

人生最初で最後の熱烈歓迎に恐縮しきり

そして初日。11月に放送された「とことん共産党」のダイジェストDVDの効果てきめんで、熱海から乗車したJR車中から挨拶や握手の連続。伊豆多賀《たが》駅からの噂にたがわぬ急坂を上って聖地へ到着。そこから、これまでの人生66年間では味わったことのない熱烈歓迎状態（こんなセリフ自分で言うのも恥ずかしい）。「褒められても調子に乗るな」という、明治生まれの亡き祖母の声がしつこく聞こえ続けていました。

14、15両日には、『隠れ共産党宣言』を購入していただいた方にサインをさせていただきました。初日には、参議院議員の井上哲士《さとし》さんらがエプロン姿で購入を呼びかけていただくなど恐縮しきり。おかげさまで、2日間計2時間半で100冊を完売することができました。16日の「しんぶん赤旗」で岩手県久慈《くじ》市議の橋上《はしかみ》洋子さんが「大会初参加のいい記念になりました。ぜひこの本を読んで身近な人たちを党に誘っていきたい」と、インタビューに答えておられていることを知り、責任の重さを再確認したしだいでした。ちなみに、「入党にフォーカスした本を新たにつくる上で、大会の空気を吸っておきたいと思い、取材に来ました。党員のまじめさを改めて感じました。また、生活相談などを積み重ね、現場レベルの苦労を知る人たちが世界情勢の動向分析まで行う知的渇望にあふれた大会の雰囲気にふれ、感心しています」という、私の感想も同じく紹介していただきました。

なお、さきの2017年に開かれた第27回大会のルポもあります。その時の会場や大会の雰囲気については、『ワタナベ・コウの日本共産党発見!!』（新日本出版社、2017年、50頁から58頁）に詳しいので、そちらをご覧ください。

「あいさつ」の打診

ここでまたお断りをしなければなりません。

取材と本のサイン販売で済むと思っていたら、私に「あいさつの機会を与えるようだ。いつ、どれくらいになるかは検討中。そのときはあいさつしてもらえますか」との打診がありました。もうここまで来たら、指示通り動くつもりでいたから二つ返事（実はこれもまた、心の準備はしっかりしておりました）。そして、16日午前の討論が終わったあとに5分間でみなさんに「あいさつ」してくださ い、という指示を受けたわけです。

2020年1月16日11時52分

執行議長の倉林明子さんが、参加者の皆さんに向かって高らかにこう問いかけました。

「ここでおはかりします。『隠れ共産党宣言』から昨年（2019年）、『共産党入党宣言』をされた岡山大学名誉教授の小松泰信さんにゲストとしてご挨拶をいただきたいと思いますが、いかがでしょうか？」（賛成の拍手が聞こえて一安心）、

「全員賛成ということでございますので、小松泰信さん、どうぞお願いします」の声に促されて、発言席へ移り、次のような挨拶をしました。

こんにちは、小松です。もしも認められなかったらどうしようかなと思っていたんですけど（笑い）、有り難うございました。（大きな拍手）

この場に来ましたのは、（胸に付けているリボンを会場の代議員に見てもらえるようにと、手で突き出すようにしながら）ここに書いてありますように、「報道」ということでやって来ました。代議員でも評議員でもない、なにせ入党は昨年の8月20日ですからね、半年も経っていない新参者でございます。皆さん方のような筋金入りの方々の前で、5分という長い時間をいただくなんていうことは滅相もない状況でございますけれども、精一杯、口下手ではありますけれども話していきたいと思います。

最初に申し上げておかなければいけないんですけど、1月9日に「しんぶん赤旗日曜版」を見事に配って参りました（拍手）。わずか１２軒なんですけど——すみません、ごめんなさい——、他の配達されている方の邪魔をしてはいけないということで、ものすごく厳しい調整がおこなわれまして、私は１２軒どまりということになりました。

実は、配っておりまして、ちょっと手違いではないのですけれども、コーポだとかいう所だと、何号室か分からない時があるんです。「２０１号室です」ということになっているんですけど、名前を書いた表札が出ていなくて、〝本当に２０１の小林さんかな〟と思ってチャイムを押しました。すると、向こうから「どちら様ですか？」と言われました。〝あっ、これだ〟と思いました。「赤旗です」って大きな声で言って良いのかなぁって。それで思わず、「新聞関係なんですけれど」と。（大きな笑い）

そしたらですね、「どこの新聞ですか？」って聞かれるから、小さな声で「あ、か、は、た」って、なにか赤穂《あこう》浪士の討ち入りの「やま、かわ」という合い言葉のような感じでした。

そのことを岡山の方に申し上げましたら、〝私たちがずーっと感じていたことを、あなたは味わったんですね〟って言われました（笑いと拍手）。

私は「赤旗」を愛読し、「赤旗日曜版」を素晴らしい新聞だと思っていますけれども、こんな素晴らしい新聞をそういう状況に追い込める、追い込んでしまった日本の社会や政治状況を恨んでおります（笑い）。もっと正々堂々と配りたい。どなたかがおっしゃっていましたが、〝市庁舎の中で売ってはいけない〟というような嫌がらせが起きているということを、〝アホやな～〟という気持ちで聞いていました。そもそもこんな素晴らしい新聞、とらない方が悪いんですよ。

それはさておき、「赤旗」を2017年の4月下旬に初めて受け取って見た時に——これは私がほとんどの方に言っていない話ですから、みなさんが日本で初めて聞く話じゃないかと思いますが——、どこに注目したかというとですね、お悔やみの欄ですね。

私はそういう欄は、芸能人だとか著名な人が載るところだと思っていましたから、〝こんな著名人いたかな？〟と思っていたら、「53年入党」とか書いていいました。〝あっ、そうか。そういう同志の方々がお亡くなりになったことを、こうして載せているんだ〟〝俺もいつか載るのかなぁ〟って思いました（笑い）。（議長席の方を見ながら）載せてください。お願い致します。いますぐとは言いませんのでね。その時が来ましたら、是非お願いしたいなと思います。

その入党年を見て、〝ああ、私が生まれる前から、あるいは物心つく頃から入党して頑張っておられた方がいるんだなぁ〟ということでした。〝そういう方々がこうやって大切な情報紙を、雨の日も、風の日も、雪の日も、リウマチで痛む膝を引きずりながらでも配っておられたんだ〟ということを考えました時に、ジーンとくるものがございました。そこで私なりにお役に立てることがあればということで、配らせていただくことになりました。ありがとうございます（拍手）。

それから〝大会の感想を述べよ〟という話だったのですが、大会は素晴らしいものです。昨日、「赤旗」の記者さんから取材を受けて、今日の「赤旗」にちゃんと書いてあります。時間の関係もありますので、すでに今朝読んでおられると思いますけれども、それをもう一回復習していただければ有り難く思います。

あと一言申し上げますと、〝上から目線〟の表現で申し訳ないのですけれども、2階席から取材させていただいていますが、寝ている方もいます（爆笑）。そりゃ～、そうですよね。ただ、さすがだなぁと思ったのは、〝寝かさない努力をみんなでやっている〟ということです。〝あっ、寝てる〟と思った時に、壇上の報告者から「がんばろうではあ～りませんか！」との声がかかると、ワァーと盛り上がるわけですね。寝ている方も、訳は分からないがみんなと一緒に条件反射的に拍手をする。この辺の呼吸からも、見事な歴史を感じるわけであります。

約束の5分が過ぎました。すみません、止めますけれども、この前、京都市長選挙の応援に行って来ました（拍手）。私はあと2回行くつもりでございます。2回行ったら当選されると思っていますので行きますけれども、今週の日曜版に、〝福山さんが当選したら市庁舎に赤旗が立つ〟と、ある党の方が言っているとありました。あくまでも個人的にはですよ、〝ええやん、立ったら〟と思うんですけれども（笑い）、〝赤旗が立たなければどういうことになるか〟と言えば、〝安倍政権に対する白旗が立つんですよ〟という話です（拍手）。〝それで良いいんですか?〟ということであります。

〈実は昨年〈2019年〉末に、党員が首長をされている自治体を訪問しました。赤旗も白旗も立っておりませんでした。当たり前ですよ。次元の低い、古典的な反共攻撃は天に唾《つば》するだけ〉

色々と申し上げたいことは多々あるんですが、また別の機会をいただければと思います。いずれに致しましても、まさに明るい未来社会づくり、野党連合政権に向けての大きな一歩になる第28回党大会だと思います。そこに私はいる。まさに歴史の証人として、有り難い立場をいただいたと思って感動しております。

共産党はまさに「岩盤倫理」、真面目な皆さんが支え続けている「岩盤倫理」の政党であるということを、よく分かっております。連合政権の中でもこの「岩盤倫理」でブレないようにしていくという重責を担っているんではないかと思います。そういう党を支えるために、正しく、明るく、たくましい、そういう応援をこれからもやっていきたいということを宣言致しまして、これで挨拶とさせていただきます。

どうも有り難うございました。（大きな拍手）

やはり歴史的大会でした

大会報告から、多くのことを学びました。そのなかで私なりに大会のもつ歴史的意義について、綱領の一部改定に焦点を当て、自分の専門領域にも引き寄せながら、三点ほどに整理しました。

（1）やはり第一に挙げなければならないのが、中国共産党の位置づけについてです。すなわち、東シナ海における中国の覇権主義的な行動がエスカレートしていることや、香港における人権侵害も深刻化していることなどから、中国を「社会主義をめざす新しい探究が開始」された国として位置づける根拠はなくなったとして、綱領［8］の最後に記されている「今日、重要なことは、資本主義から離脱したいくつかの国ぐにで、……社会主義をめざす新しい探究が開始され、人口が一三億を超える大きな地域での発展として、二一世紀の世界史の重要な流れの一つとなろうとしていることである」の部分を削除したことです。

この点について、不破哲三さんは2日目の討論において、「ある国が、対外活動で、『社会主義の道にそむく』活動を多年にわたり多方面で行っているということは、その国の国内での活動についても、『社会主義をめざす』ものと判断する根拠を、失わせるもの」とし、今回の綱領改定案が「中国を『社会主義をめざす』国として特徴づけた部分を削除したのは、……当然の結論」と、発言されました。

このように日本共産党と中国共産党との違いを鮮明にさせたことで、多くの党員から「すっきりした」という感想が聞かれました。

この改定のもう一つの意味は、日本共産党に「発達した資本主義国での社会変革」という「社会主義・共産主義への大道」を歩む、「新たな覚悟を求めると同時に、世界の最前線に立つ開拓者としての新たなよろこびと決意を呼び起こしている」（右記「不破発言」）点にあります。

（2）第二には、綱領［9］に「ジェンダー平等を求める国際的潮流が大きく発展し、経済的・社会的差別をなくすこととともに、女性にたいするあらゆる形態の暴力を撤廃することが国際社会の課題となっている」と、記したこと。そしてそれを受けて、日本社会が必要とする民主的改革の主要な内容をしめした綱領［13］の〈憲法と民主主義の分野で〉の6に「ジェンダー平等社会をつくる」「性的指向と性自認を理由とする差別をなくす」ことを加えることで、「性」を理由とするあらゆる差別や障害、すなわち人権侵害を解消し、人々が一人の人間として尊厳が保障される国づくりをめざすことを明らかにしたことです。

「資本主義の発展が遅れた条件のもとで出発した革命」においては、「生産力の水準の立ち遅れ」に加えて、「人間の個性、基本的人権、主権者としての意識などが、十分に形成されていなかった」（前述の第8回中央委員会総会での「綱領一部改定案についての提案報告」）がゆえに、さまざまな人権侵害が生み出される可能性が大きいことを中国共産党が教えています。それが社会主義・共産主義への忌避《きひ》意識（アレルギー）を生み出す一つの原因にもなっています。いかなる体制の国家をめざそうとも、民主主義革命が絶対に必要な通過点であることを確信しました。

（3）そして三つ目が、これまで同じ枠組みの中で論じられていた農業問題とエネルギー問題を区分し、各内容を鮮明かつ強固にしていることです。綱領「13」の〔経済的民主主義の分野で〕の3では「食料自給率の向上、安全・安心な食料の確保、国土の保全など多面的機能を重視し、農林水産政策の根本的な転換をはかる。国の産業政策のなかで、農業を基幹的な生産部門として位置づける」として、農林水産政策のあり方を食料生産と多面的機能の両面からとらえています。

4では「原子力発電所は廃止し、核燃料サイクルから撤退し、『原発ゼロの日本』をつくる。気候変動から人類の未来を守るため早期に『温室効果ガス排出量実質ゼロ』を実現する。環境とエネルギー自給率の引き上げを重視し、再生可能エネルギーへの抜本的転換をはかる」と、脱原発の姿勢を明らかにしています。

多様かつ新鮮な発言の数々

討論における代議員、評議員さんたちの発言は、とても興味深いものばかりでした。その中から、新鮮に響いた発言を紹介します（これらを含めたすべての発言は、「しんぶん赤旗」２０２０年1月16～２０日付に掲載されています〈『前衛』大会特集号に詳報〉。私が聞き取ったことなどを含め、文意を損ねないよう小松が要約しています。ご承知ください）。

（1）高月真名《まな》さん（東京）

高月さんは、２０１9年4月の新宿区議選でトランスジェンダーであることをカミングアウト（公表）してたたかい初当選。２０１8年7月に「生産性」発言をした自民党衆院議員への抗議の中で、多くの方がカミングアウトまでして怒りを表明したことに背中を押され、自らも公表して選挙をたたかった。

「40年前、支部会議にゲイと思われる青年が参加していた。彼を気持ち悪いと思い敬遠していた。その空気を感じた彼は党を離れた。当時の私は偏見の塊だった」と、反省を述べる80代党員。高月さんのことを「本当は男だよ」と噂する人に「この人は女性です」といってくれた党員。「LGBTの学習会をやりたい」と、支部で提案する70代党員。こんなエピソードには希望が感じられました。

しかし、「支部会議でLGBTを否定するような発言に反論したが理解してもらえない」と涙声で話すレズビアンの党員の話には、まだまだの感を禁じ得ませんでしたが、高月さんは、綱領一部改定案で「性的指向と性自認を理由とする差別をなくす」と示されたことによって、こうした事例も克服できると、発言されました。

私は、「しんぶん赤旗」（1月13日付）で彼女の寄稿を読み、感銘を受けたばかりでした。その一文を紹介します。

「差別は無自覚の中に生まれます。……長年障害者運動の中で差別禁止法などを訴えてきた障害当事者から『カマっぽい』などと心ないことを言われたり、解雇されることなどもありました。ある種の差別に対する意識の高い人が、別の種類の差別には無自覚であることはめずらしくないでしょう。大事なことは、誰もが知らずに抱えている差別や偏見の気持ちを、無いことにするのではなく、自覚することだと思います。今日、何かの差別の被害者だった人が、明日は別の差別の加害者になっているかもしれない、と意識するだけでも、生きやすい社会に一歩近づくのではないかと思います。SOGI（性的指向・性自認）はすべての人が持っていますから、そこへまなざしを向けるということは、誰もが多様性の中に生きていて、皆ただ人間であるという点で平等だという意識に立ち返ることだと思います」

（2）峯山典明《のりあき》さん（茨城）

２０１９年４月に利根町議に初当選。学生時代からサッカー界に生きてきて、政治や共産党とはまったく接点はありませんでした。地域おこし協力隊の隊員として利根町に移住し、医療生協が立ち上げている「ひまわりカフェ」を偶然訪れます。そこで町や地域の問題について話し、意気投合する中で党員と出会い、党の政策にどんどん惹《ひ》かれたそうです。当時、峯山さんは「非正規のつらい立場で、悩みの相談にも親身に聞いてもらい、自分事のように一緒に怒ってくれました。この人たちとなら町を変えられるかもしれないと思い、入党しました」とのこと。

筆者は以前から地域おこし協力隊制度を評価し、隊員に多くの期待を寄せてきました。まさかこの大会で元隊員の苦しみと、それを党員が救い、入党、そして町議になるまで伴走していた話が聞けるとは思いもよりませんでした。

彼は「全国で地域おこし協力隊が非正規で働いています。皆さんの自治体でもぜひ声をかけ、つらい状況を救っていただければ、私と同じく接点が生まれるきっかけになると思います」と、大切なアドバイスを送ってくれました。

また、「今の若者に共産党アレルギーはありません。なぜなら、そもそも共産党を知らないから」との発言についても、喜ぶべきか悲しむべきか複雑な心境で聞いていました。

彼によれば、「この知らないことがある意味、チャンス」とのこと。だから、「戦争したくない、増税いやだ、賃金上げてほしいとの思いに『共産党と同じ考えだよ。かっこいいよね』」と訴えることを提案されました。

（3）島袋恵祐《しまぶくけいすけ》さん（沖縄）

2005年に双子の兄とともに陸上自衛隊に入隊。兄は、1年半後に格闘訓練中の暴行で死亡。自衛隊の説明は「事故だった」の一点張り。その不審死を国や自衛隊がもみ消そうとし、家族が途方にくれていた時に、「諦めないで頑張ろう」と親身に寄り添ってくれたのが日本共産党。裁判も最後までたたかい抜き、国に責任を認めさせて兄の尊厳を取り戻すことができたそうです。「困っている人をほっとけないのが日本共産党。今度は私が困っている人を助ける番だ」と入党。「基地があるゆえの事件、事故に県民の日常が脅かされています。日米両政府が踏みにじり続ける県民の人権と尊厳を取り戻すまで、私は決して諦めません」

と、力強い発言でした。

（4）入江弘子さん（東日本）

支部の自慢は、支部会議がみんなの心のよりどころとなるように会議の開き方を工夫していること。一つは、党の存在は「人生のセーフティーネット」との思いから、会議前半に全員が話す時間を設け、そこに出てくる悩みなどの解消に時間をかけているそうです。高齢者の中では、「共産党に入ったら、死に水までとってくれるそうだよ」という話まで出ているという笑うに笑えない、しかしそこまで認められていることを証明するエピソードには驚きました。もう一つが、「知は力」という思いから、会議の中に学習をしっかり位置づけていること。党の文書や「赤旗」はもとより、気になった新聞記事などがテーマ。学習することで、物事の本質が見えたり、社会を変えていく道筋がわかったり、頑張ろうと思えたりして活動の力となっているそうです。

（5）小畑由紀子《おばたゆきこ》さん（大阪）

損害保険会社に勤務。会社は午後7時までの帰宅を「働き方改革」の目玉とするが、「生産性を高めることが『働き方改革』の目的だ」と簡単に言うそうです。でも「仕事量は減らず、早朝出勤が相次ぎ、朝7時台からパソコンを立ち上げずに業務をこなす」とのこと。なぜ？「立ち上げると7時出勤が記録に残り、労働基準局の対策上不都合がある」から。これを「時短ハラスメント」と呼び、「なによりも長時間労働をなくすことが急務」との訴えには、異議なし。

（6）畑中孝之《はたなかたかゆき》さん（青森）

カトリック・ローマ教皇の発言全文を掲載したのは「赤旗」だけでした。同紙を贈呈するために青森市のカトリック教会を訪問すると、シスターの皆さんがたいへん驚き、喜んでくれたとのこと。「青森でも宗教者9条の会が結成されたと聞き、出たいと思っていた」「ぜひクリスマスの集いにいらしてください」とのお誘いがあったそうです。

「自分はキリスト者。唯物論の方にはいけない」と語る「集い」の参加者に、ローマ教皇発言を掲載した「赤旗」を送ると、「共産党の平和を求める一貫した姿勢に共感」「憲法と平和を守りたいという願いからだけでも共産党の一員になっていいのですか」と電話があり、入党されたそうです。

（7）浅尾もと子さん（愛知）

２０１６年に愛知県東栄町に移住。１９年の町議選で当選。郡内で唯一入院できる東栄病院を入院ベッドのない新しい診療所に建て替える計画を町が示したので、「ここでたたかわなければ共産党員じゃないと、たまらず立候補を決意」、選挙後「ようやく物言う政治家が生まれた」と言われたそうです。また１９年９月に、町が診療所の人工透析の中止を決めた問題に対しても陳情署名を集め、党の支援や調査で、診療所を支える財源が見つかるなど、「過疎の町の希望は、町民と党との共同にあり」とのこと。

（8）笠原修さん（徳島）

2019年の参院選で、「コンビニオーナーを守る共産党の緊急提言」などを県内すべてのコンビニへ送ると、翌日から「提言に賛同します」などの返信。要望欄には、「妻が16時間勤務が続いたため、本部に辞めたいと申し出ると、1700万円が必要と言われた」「奴隷状態から抜け出すには、共産党のフランチャイズ規制法が必要」と書かれていました。そして、コンビニ3店舗経営の30代オーナーと、「深夜の時短実施」を理由に本部から強制的に契約解除された50代の元オーナーが入党したそうです。

（9）神出佳宏《かんでよしひろ》さん（香川）

香川県ではこの1年間で30代以下の党員が10人増えました。そのうちの一人は元ネット右翼（ネトウヨ）。彼は、10年間非正規雇用で働くなかで、企業は利益のためにあえて貧困をつくりだしているのではないかと思い始め、「しんぶん赤旗日曜版」を申し込み、入党を決意したとのこと。ネトウヨ青年も、現実の社会の中で悩んだり苦しんだりしていることから、彼ら彼女らも党の綱領や政策に気づけば大きく変わることを発言されました。

（10）高橋浩基《ひろき》さん（中部）

大学学生支部で活動する高橋さんは民青と共産党に出合い、科学的社会主義を学び、一貫性のある共産党の主張は、社会に対して多くの不安を感じる若年層に伝わると確信しています。この確信は、1年半アメリカに留学していた経験に基づくもの。アメリカでは、ソ連という「社会主義」国家と社会主義が切り離されて認識されていたそうです。

綱領一部改定において、中国やソ連から社会主義を切り離して考えることで、資本主義を乗り越えた先にある未来社会を展望することが可能となったと発言されました。

大会取材後の余韻

旬は過ぎても発信し続ける

「あの人、旬だよね」という、女性の声が聞こえてきました。党大会でのサイン販売の時です。「私、小松泰信。小栗旬ではありません」と返事する余裕はありませんでした。でも「旬」という言葉には、少し引っかかるものがありました。

「旬の話題」と使われるように、「その時期に注目され、話題となっていること」ですから、間違いではないのですが、「今がピークで、旬を過ぎれば過去の人……」というニュアンスが頭に浮かび、「心がシュンとなった」わけです。

その女性には感謝しています。ちゃんと小ネタをプレゼントしてくれたこと。

そして何よりも、過去の人にはならないように、知力、体力、気力が続く限り、継続して発言・発信していく気持ちを自覚させてくれたわけですから。

ということで、大会後に書いた拙稿を3編紹介します。

最初の2編は、「岡山民報」への寄稿です。「小松泰信の常在希望《じょうざいきぼう》」というコーナーで2020年1月から毎月第4週に掲載されます。ここでは、「岡山民報」のご厚意により、1、2月分を転載させていただきます。

最後の1編が、「東京新聞」への寄稿です。これも同紙のご厚意により転載させていただきます。

(1)「正しく、明るく、たくましく」(「岡山民報」2020年1月26日付)

1月14日から始まった日本共産党第28回大会に取材者として参加しました。

今年4月に新日本出版社より出版を予定している『共産党入党宣言（仮題）』を執筆する上で、大会の雰囲気をぜひとも味わっておく必要があったからです。

明るい未来社会の扉を開く、極めて意義深い大会でした。本当に行って良かった。

3日目午前の最後に、ゲストとして5分間発言する機会をいただきました。そこでは、「赤旗日曜版」の配達で感じたこと、京都市長選の応援に行ったことやあと2回行くこと、もちろん大会の感想、最後に「岩盤倫理」の上に立つ共産党が「ブレない野党連合政権確立のために重責を担っている」こと、そしてそういう党を支えるために「正しく、明るく、たくましい」応援をしていくことを宣言しました。

さて、今回から毎月第4週号に執筆することになりました。タイトルの「常在希望」は、いつ解散があるかわからない衆議院議員が心構えとして好んで使う「常在戦場」という言葉を参考にした、私の造語です。

昨年7月参院選において共産党は、花言葉が希望であるガーベラをモチーフとし、「暮らしに希望を　ＨＯＰＥ」と書かれたポスターでアピールしました。ちなみに、真備《まび》町にある災対連・共産党合同被災者支援センターも「ガーベラハウス」と名付けられています。

筆舌に尽くしがたい安倍悪政の下で、夢も希望も失いつつある時だからこそ、「常に希望在り」という願いを込めてタイトルとしました。

第28回大会で一部改定された党綱領は間違いなく一つの大きな「希望」です。

我が家の近くに「点字ブロック発祥の地」があり、そこに建てられている記念碑には次の言葉が刻まれています。

「暗礁を恐れぬ　希望の眼となれ　ここから世界へ　ここから未来へ」

当コラムが「希望の眼」となるよう、一筆入魂。

（2）「母親大会に学ぶ民主主義革命への道」（「岡山民報」2020年2月23日付）

2月15・16日に岡山市で開かれた「日本母親大会中国ブロック学習交流会」の初日に参加し、「食料・農業・農村問題から見る今日的情況」について話しました。

日本母親大会連絡会事務局長の小松久子さんは、母親大会６５年間の歩みや最近の挑戦的な大会運営などについて話されました。２０１７年に開かれた岩手県における、ＪＡ岩手県女性組織協議会の活躍ぶりが紹介され、ＪＡ女性組織の新たな可能性を感じました。

倉敷民商弾圧事件の禰屋《ねや》町子さんは、この事件が「冤罪《えんざい》」であり、かつ民主商工会への「弾圧」であることを訴えました。禰屋さんの明るさとたくましさに救われつつも、４２８日間の不当勾留や現在も続く過酷な裁判闘争などの話には義憤を覚えました。

さきの京都市長選で応援に行った際、「ジェンダー平等と社会主義的変革との関連性」について問われました。

私は、「社会主義的変革」の前段にある「民主主義革命」における一つの課題としてとらえるべきだ、と答えました。つまり、「性」を理由とするあらゆる人権侵害を解消し、人々が一人の人間としての尊厳を保障される国づくりです。

この民主主義革命を経ずに社会主義・共産主義に到達した国家が、看過できない人権侵害を犯すことを、中国共産党が教えています。

冒頭で紹介した学習交流会におけるエネルギッシュな女性の姿は、「女性」ゆえの差別や抑圧を克服しようとする、明るく逞《たくま》しい抵抗としての一面を表現しています。そのように理解しない限り、いつまでも「女性は元気で、明るく、真面目。あの元気さ、明るさ、真面目さをもっと活用しなきゃ」と、男性目線での社会づくりに利用されてしまいます。

そんな女性の姿を、冷静かつ正しく認識することも、民主主義革命に通ずる希望の道の一つです。

（3）「危機にある日本の農政『共産党アレルギー』で見失うもの」（「東京新聞」2020年3月5日付夕刊）

「農業者や農地の減少に拍車がかかり、主要国最低の食料自給率の低下に歯止めがかかりません。このままでは国民の生存基盤が脅かされ、社会の持続可能性が土台から崩壊しかねません」との危機感から、「農業と農山村の再生に足を踏み出すこと」を、国民的な重要課題の一つとすることを否定する農業関係者はいない。

しかしこれが、「しんぶん赤旗」（2020年1月10日付）の「主張」で述べられていることを知った瞬間、評価を留保あるいは翻《ひるがえ》すとすれば、「共産党アレルギー」の可能性が疑われる。

選挙時における「反共宣伝」は、選挙民の「共産党アレルギー」なるものを利用した戦術である。直近では、京都市長選で、現職の候補陣営が、共産党、れいわ新選組、新社会党が推薦する無所属の候補者について「大切な京都に共産党の市長は『NO』」という広告を出したことである。無所属の候補者に対する「反共宣伝」ということに加えて、広告に名を連ねた識者から「無断掲載」の声が次々に上がるなど、天に唾する戦術であった。さらに、2月13日の衆院本会議で、共産党を「現在も暴力革命の方針に変更はないと認識している」とする安倍首相の答弁。認識の根拠も示せぬこの答弁は、「風説の流布《るふ》」であろう。

かく言う筆者も、半世紀近くも前の因縁から長らく日本共産党とは距離を置いていた。しかし、農業協同組合論を軸に農業問題を研究する者として、安倍農政に怒りを覚える中、「農業は、自立的な発展に必要な保障を与えられないまま、『貿易自由化』の嵐にさらされ、食料自給率が発達した資本主義国で最低の水準に落ち込み、農業復興の前途を見いだしえない状況が続いている」とし、国の産業政策のなかで、「農業を基幹的な生産部門」として、農林水産政策の根本的な転換を明記した日本共産党の綱領には、目から鱗《うろこ》が落ちる思いであった。（なお、今年1月の党大会で一部改定された綱領には、多面的機能の重視が盛り込まれ、よりシャープな内容となっている。）

さらに、2008年に出された「日本共産党の農業再生プラン」は、農業を「国民の生命を支える食料の安定供給の土台そのもの」であり「国土や環境の保全などにとってかけがえのない役割」を果たしているとして、次のような政策を提言している。

①価格保障・所得補償など、農業経営をまもり、自給率向上に必要な制度を

抜本的に充実する。②農業に従事する人の高齢化が急速に進行しているいま、現在農業に従事している農家はもとより、農業の担い手を増やし定着させるための対策を抜本的に強化する。③日本農業の自然的・社会的条件や多面的機能を考慮し、各国の「食料主権」を尊重する貿易ルールを確立し、関税・輸入規制措置など必要な国境措置を維持・強化する。④農業者と消費者の共同を広げて、「食の安全」と地域農業の再生をめざす。

もちろん国政選挙時には、この大枠にその時々の課題を付加した公約を提起している。しかし、農業問題が争点となることはほとんどない。

日本共産党の農業政策は、危機に瀕する農業・農村・農家の救世主となる内容を有している。「共産党アレルギー」によって拒否することは、この国の将来に禍根《かこん》を残すこと。まずは、「市民連合と5野党・会派の『共通政策』」の俎上《そじょう》に載せ、熟議を経て、より豊かな共通政策となることを期待する。

むすび――入党をためらうあなたへ

「しんぶん赤旗日曜版」（2019年11月3日付）で紹介された私の短歌ならぬ啖呵《たんか》を知って、「入党した時に短歌を詠んだのは小松君が二人目ですよ」と、入党祝いの電話をかけてこられたのは、学び舎も職業もなぜか接点が多い、80歳を超えた筋金入りの大先輩党員。

大先輩に「もうお一人は誰ですか」と問うと、「河上肇《はじめ》さん（1879～1946年）ですよ」とのこと。恥ずかしながら、「え～っと、京都大学の教授で『貧乏物語』を書いた人だったっけ?」レベルですから、並列に扱われるのは恐縮至極。月とすっぽん、短歌と啖呵の違い以上のギャップあり。

本書を編むに当たってご尽力いただいた新日本出版社の田所社長からも同じことを教えていただくとともに、『河上肇自叙伝（二）』（岩波文庫、1996年）のコピーが送られてきました。その193頁に、「とうとうおれも党員になることが出来たのか！」とひとり無量の感慨に耽《ふけ》りながら、

たどりつきふりかへりみればやまかはをこえてはこえてきつるものかな

という一首を口ずさんだことが記されています。

時代背景や置かれた情況は大きく異なりますが、入党の喜び、清々《すがすが》しさを短歌にこめたところだけは、小さくなって横並びにさせていただきます。

1月31日に日本印刷技術研究所第56期新年会で講演をしました。集まれた方の中には、「しんぶん赤旗」の印刷や配送に携わる方も多数おられて、懇親の場でいろいろな苦労話をうかがいました。わずか一ヵ月ほどの配達では「良質な情報やそれを書いた記者の思いを運んでいる」という意識だけでしたが、それからは「印刷し、輸送する方々の思いもこめられている」ことも意識して配達しています。

ところで、その講演で司会をされていた森近恵子さん（株式会社アルファ・デザイン代表取締役）から、ピカソがフランス共産党に入党（1944年）した理由

を問われて、「泉へ行くように、私は共産党へ行った」と答えたことを教えていただきました。ピカソ、63歳の時でした。

清々しく、さわやかな気持ちでいる自分の入党後の心境に、かなり近似した表現でたいへん気に入っています。

過日、入院中の実母山下フサ子の文机から、小学校教員を定年退職してから始めた短歌を書き留めた便せんが出てきました。二十首書かれている中で最も引き寄せられたのがこれ。

戦《いくさ》なくば吾《われ》と同じく老いつらむ遺影はいづれも幼さ残す

素人の、それも完成品でないものをここに記すことは申し訳ないですが、本人の了解を取れる状況ではありません。本人も決して本意では無いはずです。

それでもこの場を借りて紹介しようと思ったのは、嫁、妻、母、娘、そして教師、一人五役をこなす中で、教員組合活動も平和運動にもまったく関わりを持たなかった母。おそらく、一度たりとも日本共産党に投票することは無かったであろう母。

それでも、反戦、平和を願い、多くの遺影の前にたたずみ、短歌にその願いを託していたのです。

この短歌を見た時、母にグッと近づいた気がすると同時に、「入党してよかった」との喜びが心の底から湧いてきました。

そう！　泉のごとく。

小松泰信

2020年3月15日

【資料】日本共産党党旗びらきでの志位和夫委員長あいさつ（抜粋）

●2017年1月4日

「〝隠れ共産党〟宣言」――綱領が多くの国民と響きあう時代がやってきている

「大運動」の新しい特徴の一つは、日本共産党綱領へのかつてない注目と関心が広がり、「綱領を語り、日本の未来を語り合う集い」が各地で無数に開かれ、綱領パンフレット・『ＪＣＰマニフェスト』がどこでも話題になり、綱領が党建設においても生きた力を発揮していることであります。

農業協同組合新聞（電子版）の昨年12月28日付に、「〝隠れ共産党〟宣言」と題するコラムがのりました。岡山大学大学院教授の小松泰信さんが執筆したコラムです。小松さんは、「国の産業政策のなかで、農業を基幹的な生産部門として位置づける」と明記した日本共産党綱領を引用して、次のようにのべています。

「（綱領で）農業を高く評価し位置づける政党に、興味が湧かない人はいないだろう」「実は、数年前の国政選挙から同党（日本共産党）に投票している。……理由は極めて単純。農業保護の姿勢やＴＰＰ（環太平洋連携協定）への全面的な反対姿勢などが一致したからだ。……ではなぜカミングアウト（公表）したのか。それは、自民党が変質し、『農』の世界に軸足をおいた人や組織がまともに相手する政党では無いことが明白となったからだ。……純粋に農業政策を協議するに値する政党は日本共産党だけとなる」「村社会でも地殻変動の兆しあり。と言うのも、農業者やＪＡ関係者と一献傾けるとき、我が投票行動を酒の肴《さかな》にお出しすると、〝実は……〟の人が確実に増えているからだ。『危険思想として刷り込まれてきたが、何か悪いことをしたのですかね。少なくとも農業問題に関しては、真っ当なことを言っていますよ。自民党よりよっぽど信用できる』とのこと。……政権与党とその走狗《そうく》である規制改革推進会議に痛めつけられ、真っ当な農業政策を渇望している人が〝隠れトランプ〟ならぬ〝隠れ共産党〟となっている」

農村部でも「地殻変動の兆しあり」。「〝実は……〟の人が確実に増えている」。うれしいことではありませんか。私たちの綱領は、２００４年の大会で決めてから１３年になりますが、いま綱領が、多くの国民の気持ちと響きあい、日本の政治を動かす時代がやってきているのであります。

こういう新しい条件もすべてくみつくして、この1月、「大運動」の目標総達成に挑戦し、党勢拡大の大きな飛躍・高揚のなかで歴史的党大会を大成功に導こうではありませんか。（拍手）

●2020年1月4日
「〝隠れ共産党〟宣言」から「日本共産党入党宣言」へ

大会成功にとって最大のカギとなるのは、「党勢拡大大運動」を、全党みんなが力をあわせて必ず成功させることです。私は、この運動を成功させる条件は大いにあると思います。

3年前、2017年の党旗びらきで、私は、岡山大学名誉教授の小松泰信さんが、農業協同組合新聞（電子版）のコラムで「〝隠れ共産党〟宣言」をしたというニュースを紹介しました。その数年前から選挙で共産党に投票していた小松さんが、安保法制やTPP（環太平洋連携協定）を強行する安倍政権に怒りを爆発させ、わが党の綱領をホームページで読んだところ、「農業を基幹的な生産部門として位置づける」と明記されていることを発見し、感動してコラムを執筆したといううれしいニュースでありました。

その小松さんが昨年8月、日本共産党に入党し、「日本共産党入党宣言」をされました。最後に小松さんの背中を押してくれたのは、小松さんの話に影響を受けた青森県の男性が、自分も「共産党員になって参院選をたたかいたい」と決意したことを伝える「赤旗」記事を見たことにあったといいます。〝人さまにこれだけ影響をあたえておいて、自分は入らないではおられない〟。こういう思いで入党を決意されたとのことです。そのときに小松さんが詠んだ一首を紹介します。「魂が　今だと叫び　背中蹴る　八月二十日　党籍を得る」という短歌ですが、啖呵《たんか》を切ったと申しましょうか（笑い）、すばらしい決意であります。

今話題のＤＶＤがあります。とことん共産党「隠れ共産党宣言から入党宣言へ」であります。小松さんが「入党宣言」に至るドラマを、ユーモアたっぷりに語ったＤＶＤ（２２分）です。各地で、「声をあげながら笑いが起こる面白さ」「出されたコーヒーを忘れるほど見入った」などと歓迎されております。ぜひごらんいただきたいと思いますが、このＤＶＤを見て３９人もの方が新たに入党を決意されたとのことであります。

とくに共感を呼んでいるのは、小松さんがＤＶＤのなかで、「党に入ることは、組織に縛られることでなく、自分を律すること」と語っていることです。「小松さんの言うように、入党とは拘束されることでなく、羅針盤をもった人生を自ら選びとることだ」――こういう共感が広がり、入党の輪が広がっていることは、本当にうれしいことであります。

小松さんに、そうした全国の入党の動きをお知らせして、感想をお聞きしたところ、次のようなメッセージを寄せてくれました。ご紹介します。

「各地の『集い』におじゃました時、職場でいじめられた経験、家族・親族の不理解など、入党をめぐる苦闘について語る方もおられました。入党の重さというか、私もタイミングなどいろいろあって悩みや迷いがなかったかというとウソになるし、一人ひとりにとってためらいを乗り越える、重い決断があったと思います。党員の生き方をつらぬくことの重みを実感しました。そんな中、教員の先輩の党員が、『よく突き抜けてくれたね』と声をかけてくれました。急に出てきた私が『入党宣言』で目立つことになり、申し訳なく思っていましたが、『私たちが突き抜けられなかったことをやってくれてうれしい』と言われた。これはうれしいことでした。

『後悔はないのか』とも聞かれますが、実にさわやかな気分です。『後悔』の文字はありません。ただ、間違いなく言えるのは、一人でも多く党員を増やす必要があるし、日々の『赤旗』をきちんと読む必要があるということです」

そして、こう結ばれています。「1月から日曜版の配達を開始します。1人の党員として、新しい年、『宣言』した以上のことをやるつもりです」（拍手）

小松泰信さんは、50代後半から共産党に投票するようになったとのことですが、党との組織的つながりがあった方ではありません。それが情勢の激動の中で党綱領に出あい、「隠れ共産党宣言」を行い、さらに「日本共産党入党宣言」を行い、さらに「赤旗配達宣言」を行った。そのことが、日本共産党に人生の進路を託そうと真剣に考える多くの人々の背中を押し、新たな仲間を広げている。みなさん、このことは、日本共産党がいま大きく前進し、発展し、飛躍する可能性があることを、生きた形で証明しているのではないでしょうか。（拍手）

小松 泰信（こまつ やすのぶ）

1953年長崎県生まれ。鳥取大学農学部卒、京都大学大学院農学研究科博士後期課程研究指導認定退学。（社）長野県農協地域開発機構研究員、石川県農業短期大学助手・講師・助教授、岡山大学農学部助教授・教授、同大学大学院環境生命科学研究科教授を経て、2019年３月定年退職。同年４月より（一社）長野県農協地域開発機構研究所長。岡山大学名誉教授。

著書に『隠れ共産党宣言』（2018年、新日本出版社）、『農ある世界と地方の眼力』（18年）『農ある世界と地方の眼力２』（19年、ともに大学教育出版）、『地方紙の眼力』（共著、17年、農山漁村文化協会）、『新しい農業経営者像を求めて』（監修、03年、農村報知新聞社）、『非敗の思想と農ある世界』（09年、大学教育出版）などがある。

共産党入党宣言《きょうさんとうにゅうとうせんげん》

2020年４月15日　初　版

著　者　小　松　泰　信
発行者　田　所　　稔

郵便番号　151-0051　東京都渋谷区千駄ヶ谷4-25-6
発行所　株式会社　新日本出版社
電話　03（3423）8402（営業）
03（3423）9323（編集）
info@shinnihon-net.co.jp
www.shinnihon-net.co.jp
振替番号　00130-0-13681

印刷　亨有堂印刷所　　製本　光陽メディア

落丁・乱丁がありましたらおとりかえいたします。

ISBN978-4-406-06405-7 C0031　Printed in Japan